Suppenküche

Rezepte von Allgäuer Bäuerinnen

Herausgeber und Verlag:
AVA Verlag Allgäu GmbH
Postfach 31 53 – 87440 Kempten/Allgäu
Telefon: (08 31) 5 71 42-0 – Fax: 7 90 08

Redaktion und Konzept: Maria Anna Weixler-Schürger
Layout: Brigitte Weixler
Titelbild: Wirths PR
Titelgestaltung: Brigitte Weixler

Gesamtherstellung:
AVA Verlag Allgäu GmbH
Porschestraße 2 – 87437 Kempten

Der Volksmund sagt: »A gscheide Suppa hot no koim Mensche gschadet.« Das drückt aus, was stimmt: Suppen tun einfach jedem gut! Wobei Suppe nicht gleich Suppe ist. Es gibt leichte Suppen, die als eine Art Vorspeise in vielen unserer Haushalte gang und gäbe sind.
Es gibt aber auch Suppen, die man sozusagen als Zwischengang in einem mehrgängigen Menü servieren kann. Und manche Suppen sind auch ideal, um Kranken wieder auf die Beine zu helfen.

Und dann gibt es natürlich auch Suppen, die derart gehaltvoll sind, dass sie gut und gerne als Hauptgang durchgehen können. Letzteres gilt insbesondere für Eintöpfe, die wir ebenfalls in dieses Buch aufgenommen haben.
Wieder waren es Landfrauen aus dem Allgäu, die uns ihre besten Rezepte zur Verfügung gestellt haben. Es sind Rezepte, die die Frauen das ganze Jahr über immer wieder anwenden, um ihre Familien mit einer schönen Suppe, einem wohltuenden Eintopf zu verwöhnen. Rezepte, die von Generation zu Generation weitergegeben worden sind, aber auch neue Kreationen, die die aktuelle Küche und den heimischen Esstisch bereichern.

Lassen Sie sich von unseren Suppen- und Eintopfrezepten inspirieren und probieren Sie doch auch einmal etwas Neues aus!

Viel Freude beim Nachkochen
wünscht Ihnen

Maria Anna Weixler-Schürger

Inhalt

Suppenküche

Rezepte von Allgäuer Bäuerinnen

Backspätzle
in der Suppe

Zutaten:
500 g Mehl
2 TL Salz
3 Eigelb
3 Eiweiß
1 l Milch
3/4 Päckchen Backpulver
500 g Pflanzenfett
(z. B. »Biskin«)

»Richt einmal wieder
Spätzle her,
für den Sonntag
und noch mehr.
Viel besser schmeckt es
selbst gemacht,
und jedes Kinderherz,
das lacht.«

Von Helena Ziegler,
Buchloe-Honsolgen

Mehl, Salz und Eigelb mit kochend heißer Milch anrühren. Zuerst mit dem Handmixer, dann mit dem Kochlöffel schlagen, bis der Teig Blasen wirft. Der Teig muss ganz leicht sein. Dann kalt stellen. Bildet sich eine Haut, sofort hineinrühren. Backpulver dazu und vorsichtig durchschlagen. Es muss noch etwas Eiweiß zu sehen sein. Teig mit dem Spätzlehobel ganz langsam ins heiße Fett gleiten lassen. Den Spätzlehobel halb voll füllen und goldgelb backen. Mit dem Schaumlöffel vorsichtig umdrehen und dann rausnehmen. Man gibt sie in die Fleischbrühe oder zur Eiersuppe. Die Spätzle sind im Plastikbeutel auch länger haltbar.

Bärlauchnockerl

in Spargelbrühe

Zutaten:
400 g weißen Bruchspargel
2 Msp. Zucker
2 Msp. Salz
5 g Butter
4 feine Kalbsbratwürste (etwa 350 g)
6 bis 8 Bärlauchblätter
4 cl Sahne
Muskat
Salz
Pfeffer

Spargel dünn schälen, Enden abschneiden, Bärlauchblätter waschen und grob zerkleinern. Vom Spargel die Spitzen abschneiden und zusammenbinden. Restlichen Spargel in kleine Stücke schneiden und in leichtes Salzwasser mit Zucker und Butter geben. Etwa 6 Minuten köcheln lassen. Spargelspitzen zugeben und 5 bis 6 Minuten erneut kochen. Spargelspitzen herausnehmen, die Brühe abseihen. Kalbsbrät aus dem Darm drücken und mit der Sahne gut vermengen. Bärlauch zugeben, alles vermengen und mit Salz und Pfeffer abschmecken. Von der Brätmasse kleine Nockerln abstecken und in der Spargelbrühe 3 bis 4 Minuten pochieren. Spargelbrühe mit Bärlauchnockerln auf Tellern verteilen, Spargelspitzen in die Brühe geben. Dazu reicht man Toastbrot.

Von Maria Rudhart,
Leutkirch
Bild: Uschi Ullemair

Bauern-Brocken

Zutaten (Menge beliebig):
Kartoffeln
Karotten
Lauch
Schweinefleisch (Braten oder Schulter, kann auch Schwarte sein)

Suppenbrühe
Essig
Kümmel
Salz, Pfeffer

Fleisch in Würfel schneiden und im Schnellkochtopf anbraten. Kartoffeln achteln und dazugeben. Karotten in 1 cm dicke Scheiben schneiden, Lauch in 1 cm dicke Ringe schneiden und dazugeben. Mit Suppenbrühe aufgießen. Mit Essig, Kümmel, Salz und Pfeffer würzen. Der Eintopf hat einen säuerlichen Geschmack.

Von Johanna Dempfle,
Stötten a. A.
Bild: Sabine Bitter

Bauernsuppe

Zutaten:
40 g Fett
1 bis 2 Zwiebeln
1 Stange Lauch
1 Karotte
1/2 Knolle Sellerie
1 TL Salz
750 g Kartoffeln
1 1/2 l Brühe
4 EL saure Sahne
oder Milch
etwas Petersilie

Von Stefanie Jäger,
Fricken-Böhen
Bild: Brigitte Weixler

Man dünstet die klein geschnittene Zwiebel, Lauch, Karotten und Sellerie im heißen Fett an und gibt dann die ebenfalls klein geschnittenen Kartoffeln dazu. Dann füllt man mit der Brühe auf, lässt alles ca. 20 Minuten bei milder Wärme kochen. Man passiert die Suppe durch ein Haarsieb, gibt die saure Sahne oder Milch hinzu, schmeckt mit Salz oder Kräuter ab. Zum Schluss fügt man die fein gehackte Petersilie hinzu.

Schmeckt auch prima mit Wiener Würstchen oder Rauchfleischwürfeln.

Biersuppe

Zutaten:
750 ml Milch
Salz
1 TL Zucker
(nach Geschmack)
1 EL Butter
2 EL Mehl
2 Eier
250 ml Bier
Zimt zum Abschmecken

Milch, Salz, Zucker und Butter zum Kochen bringen. Mehl, Eier und Bier verrühren und in kochende Milch einrühren. Aufkochen lassen und eventuell mit Zimt abschmecken.

Das Rezept stammt von meiner Mutter und Schwiegermutter. Es ist schnell zubereitet, ein natürlich, kräftiger Schlaftrunk und sehr gut bei Erkältung und Grippe.

Von Josefine Högner,
Unterthingau
Bild: Ulrike Finkenzeller

Blumenkohl-Hack-Eintopf

Zutaten:
2 gehackte Zwiebeln
400 g gemischtes Hackfleisch
800 g klein gewürfelte Kartoffeln
1 Blumenkohl
200 g Schmelzkäse
1 Prise Chilipulver
1 TL Paprikapulver, edelsüß
Salz, Pfeffer
1 1/4 l Wasser
1 EL Öl

Das Hackfleisch in einem großen Topf im heißen Öl kräftig anbraten, die Zwiebeln hinzugeben und kurz mitbraten, Chili- und Paprikapulver unterrühren. Den Blumenkohl in mundgerechte Stücke zerkleinern und zusammen mit den Kartoffeln in den Topf geben. Mit soviel Wasser aufgießen, dass die Zutaten fast bedeckt sind. Mit Salz und Pfeffer würzen und bei geschlossenem Deckel ca. 20 Minuten köcheln lassen, bis das Gemüse weich ist. Den Schmelzkäse unterrühren und nochmals abschmecken.

Von Waltraud Böck,
Eppishausen
Bild: Brigitte Weixler

Blumenkohlsuppe

Zutaten:
1 kleiner Blumenkohl
1 l Salzwasser
40 g Butter
30 g Mehl
Salz
Muskatnuss
1 Eigelb mit
4 EL Sahne verrührt
15 g Butterflöckchen

Den Blumenkohl putzen, in Röschen teilen, waschen, in Salzwasser etwa 10 Minuten kernig weich kochen. Aus dem Sud nehmen. Aus Butter und Mehl eine helle Einbrenne anrühren, mit dem Sud langsam aufgießen, 15 Minuten kochen, würzen und abschmecken. Die Suppe mit Eigelbsahne legieren, Butterflöckchen darin schmelzen und die Blumenkohlröschen einlegen, nicht mehr kochen.

Von Angelika Frey,
Dirlewang

Bohnen-Fleisch-Eintopf

Zutaten:
60 g durchwachsener Speck
2 Zwiebeln
750 g Lamm- oder Schweinefleisch
1 bis 1 1/2 l Fleischbrühe
500 g weiße, getrocknete dicke Bohnen
6 mittelgroße Kartoffeln
ein paar Stängel Bohnenkraut
Salz
Pfeffer
etwas Streuwürzer
1 Bund Petersilie
eventuell Sahne zum Verfeinern

Bohnen über Nacht in Wasser einweichen. Speck würfeln, in der Pfanne auslassen. Zwiebeln schälen, würfeln und in dem Speckfett anbraten. Fleisch grob würfeln und ebenfalls mit den Zwiebeln in der Pfanne bräunen lassen. Mit der Fleischbrühe ablöschen und in den Schmortopf füllen. Die Bohnen, geschälte und gewürfelte Kartoffeln und Bohnenkraut zufügen und 2 Stunden bei 220 Grad und geschlossenem Deckel garen. Mit Salz, Pfeffer und Streuwürze abschmecken und mit Petersilie bestreut servieren. Bei Bedarf mit Sahne verfeinern.

Ein deftiges Essen für die kalte Jahreszeit.

Von Sieglinde Heumos,
Kißlegg

Bohnensuppe
mit Hackfleisch

Zutaten:
3 EL Öl
1 Zwiebel
1 Stange Lauch
1 Paprikaschote
250 g Hackfleisch
3 EL Tomatenketchup
750 ml Fleischbrühe
1 Dose weiße Bohnen
1/2 TL Paprikapulver
Salz
etwas Thymian
Bohnenkraut

Öl erhitzen und gewürfelte Zwiebel, in Ringe geschnittener Lauch und gewürfelte Paprika andünsten. Hackfleisch zum Gemüse geben und mitdünsten. Tomatenketchup zugeben, mit Fleischbrühe aufgießen und Bohnen zugeben. Paprika, Salz und Kräuter zum Würzen zugeben und ca. 10 Minuten leise köcheln lassen.

Abwandlungen wären beispielsweise anstatt Hackfleisch Kabanossi oder Schinken zuzugeben. Auch wären andere Gemüsesorten wie Karotten oder Gemüse nach Saison durchaus denkbar.

Von Regina Schneider,
Ottobeuren
Bilder: Sandra Walk

Bohnensuppe
mit Speck

Zutaten:
500 g Bohnen (Brechbohnen)
1 Bund Suppengrün
1 l Gemüsebrühe
1 Zwiebel
1 TL Mehl
1 TL frisches oder getrocknetes Bohnenkraut
50 g Speck

Die Brechbohnen putzen und in 2 bis 3 cm große Stücke schneiden. In Salzwasser mit Suppengrün (geputzt und zerkleinert) ca. 1 Stunde in Gemüsebrühe kochen lassen. 1 Zwiebel klein würfeln und mit durchwachsenen Speckwürfeln goldgelb anbraten. 1 TL Mehl hinzugeben, anschwitzen und in die kochende Suppe geben. Bohnenkraut – am besten frisch – kurz mitkochen. Fertig.

Schmeckt nach jedem Aufwärmen besser!

Von Sylvia Weixler, Durach

Bohnensuppe –
Grüne Art

Zutaten:
250 g Busch- oder junge Stangenbohnen
200 g braunes Mehl
500 ml Wasser
Suppengewürz
Salz
Essig

Weizenmehl in der Pfanne trocken bräunen. Durchsieben, dass keine Klumpen entstehen. Die Bohnen ganz fein schneiden und mit dem Wasser weich kochen. Den Sud mit soviel braunem Mehl verrühren, dass es eine leicht gebundene Suppe wird. Die Bohnenmasse zugeben und mit Salz, Suppengewürz und ein wenig Essig abschmecken.

Von Ottilie Kees,
Frankenhofen-Kaltental
Bild: Anke Wirth

Brätknödelsuppe

Zutaten:
250 g Brät
Salz
2 bis 3 Eier
abgeriebene Zitronenschale
Schnittlauchröllchen
1/2 Tasse Milch
etwas Semmelbrösel

Brät schaumig rühren, zerlassene Butter dazu, mit Salz, Zitronenschale und Schnittlauch abschmecken. Milch langsam dazurühren. Jedes Ei einzeln darunter geben. Mit Semmelbrösel zu einem Knödelteig vermengen. Mit einem Esslöffel längliche Knödel formen und im kochenden Salzwasser 20 Minuten gar kochen. In der Fleischbrühe anrichten und mit Schnittlauch bestreuen.

»Ich mag die Suppe ja so sehr. Der Greis, der liebt sie noch viel mehr. Suppe isst das kleine Kind, bis die Zähnchen fertig sind.«

Von Helena Ziegler,
Buchloe-Honsolgen

Brätspätzlesuppe

Zutaten:
1 kg Brät
6 Eier
2 EL Schnittlauch
1 bis 2 EL Petersilie (getrocknet und verrieben)
80 g Mehl
1 Becher Sahne
15 EL Reibbrot
Salz
Pfeffer
Muskat
Gemüsebrühe

Brät rühren, Eier zugeben. Schnittlauch, Petersilie, Reibbrot, Sahne und Mehl ebenfalls zugeben und immer jeweils wieder rühren, bis alles gut verarbeitet ist. Mit Salz, Pfeffer und Muskat würzen. Masse etwas stehen lassen. Dann in Salz-Gemüsebrühe-Wasser »reinspätzeln«. Kurz aufkochen lassen, rausseihen und in kaltem Wasser abschrecken. Mit Fleischbrühe und Schnittlauch servieren.

Die Spätzle lassen sich auch sehr gut einfrieren.

Von Angelika Kimpfler,
Gestratz

Brätstrudelsuppe

Zutaten:
Für die Pfannkuchen:
250 g Mehl
250 bis 500 ml Milch
3 Eier
1 Prise Salz

Für die Füllung:
200 g Brät
70 ml Milch
2 Eier
6 bis 10 EL Semmelbrösel
Muskat
Pfeffer
Salz
Knochenbrühe oder
fertige Suppenbrühe

Aus den Zutaten Pfannkuchenteig herstellen und ausbacken. Bei der Herstellung der Brätfülle alle Zutaten glatt rühren, auf ausgekühlte Pfannkuchen streichen, aufrollen. Die aufgerollten Pfannkuchen dann in 4 bis 5 Stücke schneiden. In fertiger Brühe etwa 10 Minuten ziehen lassen.

Von Claudia Martin, Reinhardsried (Bilder oben) und von Renate Rampp, Nassenbeuren-Mindelheim (Bild unten)

Brätstrudelsuppe

Zutaten:
Für die Pfannkuchen:
200 g Mehl
2 Eier
125 ml Milch
1 Prise Salz

Für die Füllung:
250 g Brät
etwas Milch
gemahlene Nelken
gehackte Petersilie
1 Ei
1 EL Mutschelmehl
oder 2 EL Mehl

Von Gabi Rölle, Aichstetten (Bild oben) und von Carina Häring, Lauben (Bild unten)

Aus Mehl, Eiern, Milch und Salz Pfannkuchenteig herstellen. Die Pfannkuchen in einer leicht gefetteten Pfanne, bei mittlerer Hitze, von beiden Seiten ausbacken und auf einem Brett auskühlen lassen.

Zwischenzeitlich wird das Brät mit etwas Milch gut verrührt und anschließend mit dem Ei, Mutschelmehl, Nelken und Petersilie miteinander vermengt. Die Brätfüllung wird 3 mm stark auf die Pfannkuchen gestrichen und zusammengerollt. Nach ca. 30 Minuten ist das Brät so weit abgetrocknet, dass man die Brätstrudel in ca. 4 bis 5 cm Länge schneiden kann. Man gibt sie dann in die heiße Fleischbrühe zum Ziehen. Aufkochen bitte vermeiden.

Brezensuppe –
Allgäuer Art

Zutaten:
1 Zwiebel
50 g Butter
4 Scheiben durchwachsener Speck
4 Brezen
1 l Fleischbrühe
100 g geriebener Emmentaler

Die Zwiebel in feine Würfel schneiden und in Butter glasig dünsten. Speck in kleine Würfel schneiden, dazugeben und mit andünsten. Brezen in ca. 1 cm große Stücke schneiden und zu dem Speck geben. Goldbraun anrösten. Fleischbrühe (schwach gewürzt) sehr heiß in den Tellern verteilen. Die gerösteten Brezen sowie den geriebenen Emmentaler über die Suppe geben.

Von Marina Lerchenmüller,
Oy-Mittelberg

Brokkolicremesuppe

Zutaten:
500 g Brokkoli
2 Zwiebeln
30 g Butter
750 ml Brühe
125 ml Sahne
3 bis 4 EL helle Mehl-schwitze (Instant)
Salz
Pfeffer aus der Mühle
Muskatnuss
Schnittlauch

Brokkoliröschen von den Stielen schneiden. Stiele dünn schälen und in Scheiben schneiden. Zwiebeln pellen, fein würfeln und in Butter oder Margarine glasig dünsten. Brokkolistiele zugeben und ebenfalls glasig dünsten. Brühe angießen und zugedeckt etwa 15 Minuten kochen lassen. Sahne zugießen und mit dem Schneidestab des Handrührgerätes pürieren. Die Mehlschwitze einstreuen und aufkochen lassen. Suppe und Salz, Pfeffer und Muskat kräftig würzen. Röschen dazugeben und 5 Minuten garen. Schnittlauch in Röllchen schneiden, vor dem Servieren über die Suppe streuen.

Von Sylvia Weixler,
Durach

Brotsuppe –
Bayerische Art

Zutaten:
4 Scheiben Roggenbrot
3 Zwiebeln
4 Leberwürste
Brühe
Schnittlauch

Die Zwiebel in Fett rösten. Brot klein schneiden, in die Teller verteilen und im Backofen ca. 10 Minuten bei 150 Grad trocknen. Leberwürste im heißen Wasser erwärmen, danach auf das Brot ausdrücken und mit Brühe aufgießen. Zum Schluss die gerösteten Zwiebeln darauf verteilen und mit Schnittlauch verzieren.

Von Ingrid Heilmayer,
Kempten
Bild: Sandra Frank

Bunte Reisfleisch-Suppe

Zutaten:
500 g Schweine- oder Putenfleisch
500 g geschälte Tomaten (Dose)
2 große Paprikaschoten
250 g Zwiebeln
60 g durchwachsener Speck
20 g Margarine
Salz
Pfeffer
Tomatenmark
Paprikapulver
eventuell Cayennepfeffer
Basilikum
250 g Fleischbrühe
250 g Langkornreis
ca. 500 ml Wasser

Fleisch waschen, trocken tupfen und in Würfel schneiden. Paprika halbieren, entstielen und ebenfalls in Stücke schneiden. Zwiebeln abziehen und vierteln. Speck in kleine Würfel schneiden. Die Margarine zerlassen, den Speck darin auslassen, das Fleisch unter Wenden darin anbräunen lassen, Zwiebelviertel und Paprikastücke hinzufügen, etwa 10 Minuten mitschmoren lassen. Mit Salz, Pfeffer, den restlichen Gewürzen und Tomatenmark würzen. Die Fleischbrühe hinzugießen, etwa 15 Minuten schmoren lassen. Tomatenstücke, Langkornreis und ca. 500 ml Wasser hinzufügen, gar kochen lassen und nochmals abschmecken. Garzeit etwa 50 Minuten.

Von Petra Gayer, Lamerdingen
Bild: Brigitte Weixler

Als Beilage serviere ich Baguette.

Champignon-Käse-Suppe

Zutaten:
500 g kleine Champignons
1 mittelgroße Zwiebel
1 EL Öl
Salz
Pfeffer
2 EL Mehl
250 ml Milch
3 bis 4 TL Suppenpulver für Gemüsebrühe
1 Ecke Sahneschmelzkäse (62,5 g)
2 bis 4 Stiele Petersilie

Pilze putzen und in Scheiben schneiden. Zwiebel schälen und fein würfeln. Öl in einem Topf erhitzen, die Zwiebel darin andünsten. Pilze zufügen und etwa 5 Minuten mitbraten. Mit Salz und Pfeffer würzen. Mehl darüberstäuben und kurz anschwitzen. Mit 750 ml Wasser und Milch unterrühren ablöschen. Aufkochen und Brühe einrühren. Käse grob würfeln, in die Suppe geben und unter Rühren schmelzen. Suppe abschmecken. Petersilie waschen und die Blättchen von den Stielen zupfen. Bis auf etwas zum Garnieren klein geschnitten zur Suppe geben.

Von Brigitte Hipp-Weiß, Stötten

Schmeckt auch sehr gut mit Steinpilzen.

Champignon-Petersilien-Suppe

Zutaten:
250 g Champignons
2 EL Butter
1 Zwiebel
3 EL Mehl
2 EL Petersilie
1 l Brühe
Salz
Pfeffer

Die Champignons waschen und schneiden, Zwiebel schneiden. Die Hälfte der Butter zerlassen. Zwiebel und Champignons darin andünsten, die Hälfte der Petersilie dazugeben und den Topf beiseite stellen. In einem neuen Topf den Rest der Butter zerlassen, mit Mehl bestäuben, helle Einbrenne mit heißer Brühe aufgießen, aufkochen und mit Salz und Pfeffer würzen. Die Champignon-Zwiebel-Mischung dazufügen und den Rest der Petersilie zugeben.

Von Irmgard Hailand,
Oberostendorf
Bild: Helga Bitter

Chili-Hähnchen-Eintopf

Zutaten:
1 Zwiebel
1 Knoblauchzehe
1 Chilischote oder Chilipulver
2 Hähnchenfilet (je ca. 300 g)
2 Paprikaschoten
2 Zucchini
2 EL Öl
Salz
Pfeffer
Oregano
Kreuzkümmel
250 ml Suppenpulver für Hühner- oder Gemüsebrühe
1 große Dose Tomaten
1 Dose Mais
Thymian

Zwiebel in feine Würfel schneiden, Knoblauch und Chilischote fein hacken. Hähnchenfilet in schmale Streifen schneiden. Paprika fein würfeln. Zucchini in kleine Würfel schneiden. Öl in einem Topf erhitzen, Zwiebeln, Chili und Knoblauch darin glasig dünsten. Fleisch zufügen und kräftig anbraten. Paprika und Zucchini mit andünsten. Mit Salz, Pfeffer, Oregano und Kreuzkümmel würzen. Mit Hühner- oder Gemüsebrühe ablöschen. Tomaten und Mais zufügen und ca. 15 bis 20 Minuten köcheln lassen. Mit Thymian garnieren. Eventuell mit einem Klecks Crème fraîche servieren.

Von Martina Böck,
Eppishausen
Bild: Claudia Kiechle

Chili-Suppe
mit Sauerkraut

Zutaten für
6 bis 8 Personen:
1 Stange Lauch
1/2 bis 1 Chilischote oder
etwas Chilipulver
750 g Hackfleisch
3 EL Tomatenmark
1 Dose (850 ml)
Sauerkraut
2 TL Paprikapulver,
edelsüß
1 1/4 l Gemüsebrühe
150 g Crème fraîche
75 g geriebener Gouda
Öl
Salz
Pfeffer

Lauch waschen und in Ringe schneiden. Chilischote entkernen und in kleine Ringe schneiden. Öl in einem Topf erhitzen, Hackfleisch darin krümelig anbraten, mit Salz und Pfeffer würzen. Lauch und Chili oder Chilipulver kurz mit anbraten. Tomatenmark unterrühren und anschwitzen. Sauerkraut etwas zerkleinern, zum Hack geben und etwa 5 Minuten schmoren. Mit Salz, Pfeffer und Paprika würzen. Mit Gemüsebrühe ablöschen, aufkochen und 20 bis 30 Minuten köcheln. Nochmals abschmecken. Crème fraîche unterrühren und mit Käse bestreuen, danach servieren. Dazu passt frisches Bauern- oder Stangenweißbrot.

Von Tanja Rothfelder,
Dirlewang

Chinakohl-Eintopf

Zutaten:
750 g Chinakohl
2 bis 3 Zwiebeln
250 g Tomaten
400 g Kartoffeln
40 g Butter oder Margarine
500 g gemischtes Hackfleisch
Salz
Pfeffer
500 ml Gemüsebrühe
2 EL Tomatenmark

Anstelle von frischen Tomaten können auch gehäutete Tomaten aus der Dose verwendet werden.

Chinakohl halbieren, Strunk herausschneiden, Kohl vierteln, in feine Streifen schneiden, waschen. Zwiebeln schälen und fein würfeln. Tomaten waschen, kreuzweise einschneiden, kurz in kochendes Wasser legen, dann mit kaltem Wasser abschrecken. Tomaten häuten und in Stücke schneiden. Kartoffeln waschen, schälen und in Würfel schneiden. Butter im Topf zerlassen und Zwiebel goldgelb andünsten. Hackfleisch zugeben und anbraten. Würzen, Kartoffeln und Gemüsebrühe zugeben und 10 Minuten schmoren lassen. Chinakohl hinzufügen und weitere 15 Minuten garen. Tomatenstücke und -mark unterrühren und abschmecken.

Von Claudia Ettensperger, Oy-Petersthal
Bilder: Rosi Müller

Eierlauchsuppe

Zutaten:
1 Stange Lauch
2 Eier
1 l Brühe
3 EL Grieß

Lauch in feine Ringe schneiden und in etwas Butter anrösten, mit Brühe aufgießen. Eier verquirlen und in die Brühe geben. Grieß dazurühren, kurz köcheln lassen.

Von Claudia Zettler,
Woringen

Eierstichsuppe

Zutaten:
2 Eier
etwas Salz
Pfeffer
etwas Muskat
4 EL Milch oder
Fleischbrühe
etwas Butter
1 l Fleischbrühe

Eier verquirlen, Salz, Pfeffer und Muskat zugeben, dann noch die Milch einrühren. Schüssel oder Tasse fetten, Eiermilch eingeben. Im Wasserbad bei schwacher Hitze stocken lassen, nicht kochen. Die Garzeit beträgt ca. 15 bis 20 Minuten auf Stufe 1 1/2. Eierstich nach dem Abkühlen stürzen, in 1/2 cm große Würfel schneiden, in heiße Brühe geben, mit Petersilie bestreuen.

Von Silvia Jörg,
Waltenhofen

Einbrennsuppe

Zutaten:
30 g (5 EL) Rapsöl oder Butterschmalz
50 g (5 gehäufte EL) Mehl
1 bis 1 1/4 l Flüssigkeit
Salz

Eine Einbrennsuppe eignet sich auch zum Soße vermehren.

Von Annemarie Weixler, Durach
Bild: Brigitte Weixler

In einer Eisenpfanne das Öl oder Butterschmalz erhitzen und das Mehl mit einem Holzkochlöffel hellbraun rösten (immerzu umrühren). 1/4 l Wasser aufgießen (Vorsicht, dampft stark) und solange rühren bis ein schöner glatter Teig entsteht, dann wieder 1/4 l Wasser aufgießen usw. bis das Wasser aufgebraucht ist. Sollten trotzdem einige Mehlklumpen entstanden sein, durch ein Sieb schütten. Salzen und würzen.
Als Einlage passen in Scheiben geschnittene gekochte Eier.

Einlaufsuppe

Zutaten:
30 g Mehl
2 Eier
2 EL Wasser
1 1/4 l Brühe
Salz
Schnittlauch

Wasser und Eier mit Mehl zu glattem, dünnflüssigem Teig rühren, langsam unter leichtem Rühren in die kochende Brühe geben, kurz aufkochen lassen, salzen, mit Schnittlauch anrichten. Größere Mehlmenge oder Milch machen die Suppe trübe.

Von Annemarie Weixler,
Durach
Bild: Elisabeth Springer

Eintopf –
Chinesische Art

Zutaten:
200 g Pilze
500 g Schweinefilet
2 EL Sojasauce
2 kleine Zwiebel
1 EL Mehl
2 Knoblauchzehen
1 grüne Paprika
1/8 Weißkohl
2 Karotten
2 EL Öl
1 Dose Ananas
200 g Erbsen

Fleisch in dünne Scheiben oder kleine Würfel schneiden. Zwiebel pellen und fein hacken. Paprika putzen, entkernen, waschen und in Streifen schneiden. Weißkohl mit dem Gurkenhobel raspeln. Möhren in kleine Scheiben schneiden, vorher aber waschen und schälen. Ananas aus der Dose nehmen, abtropfen lassen und in feine Streifen schneiden. Nun Öl in der Pfanne erhitzen, die Zwiebel hinzugeben und leicht goldbraun werden lassen. Das Fleisch von allen Seiten knusprig anbraten, das Gemüse hinzugeben und ca. 2 bis 3 Minuten dünsten. Fleisch und Gemüse in einen großen Topf geben, Sojasoße und Ananassaft darübergießen, alles gut miteinander mischen. Zum Schluss die Ananas und die auf Salz geriebene Knoblauchzehe unterheben.

Von Martina Beurer,
Altenstadt-Untereichen
Bild: Simone Frank

Eintopf –
Niederländische Art

Zutaten:
500 g Karotten
500 g Kartoffeln
500 g Zwiebeln
4 Mettwürstchen
Salz
250 bis 500 ml Brühe
1 Bund Petersilie

Karotten und Kartoffeln schälen und in Scheiben schneiden. Zwiebeln schälen und in halbe Ringe schneiden. Mettwurst in Scheiben schneiden und auf dem Topfboden verteilen. Die geschnittenen Karotten und Kartoffeln auf der Wurst verteilen. Zuletzt die Zwiebeln zugeben. Saft zufügen und die Brühe aufgießen (je mehr, desto flüssiger wird der Eintopf). Nicht umrühren! Ankochen und 20 Minuten festkochen. 5 bis 10 Minuten in der Nachwärme fertig garen. Petersilie waschen, klein hacken und den fertigen Eintopf damit bestreuen.

Von Gabi Köhnen,
Fischen
Bild: Lucia Hörmann

Ein leckeres Rezept, das so »nebenher« geht.
Abschmecken nicht nötig. Durch die Petersilie viel Vitamine, gerade im Winter!

Erbsensuppe
mit Grießklößchen

Zutaten:
750 g Erbsen
100 g Margarine
etwa 1 1/2 l Wasser
etwas Salz
1 EL Petersilie
gekörnte Brühe

Klößchen:
125 ml Milch
etwas Margarine
Salz
Muskat
50 g Grieß
1 Ei

Die Erbsen in das heiße Fett geben und einige Minuten darin erhitzen. Mit Wasser auffüllen. Salz, Petersilie und Brühe hinzufügen. Das Ganze etwa 10 bis 15 Minuten köcheln lassen. Milch, Fett und die Gewürze zum Kochen bringen, von der Flamme nehmen und den Grieß auf einmal hineingeben. Die Masse zu einem glatten Kloß rühren und noch etwa 1 Minute erhitzen. Den heißen Kloß sofort in eine Schüssel geben und das Ei darunterrühren. Mit einem nassen Löffel werden kleine Klößchen (Nockerl) abgestochen und in der Suppe noch etwa 5 Minuten gekocht.

Man kann die Suppe auch pürieren (zuvor die Nockerl entnehmen).

Von Brigitte Hotter, Görisried

Erbsensuppe
mit Majoran

Zutaten:
1 1/2 kg frische Erbsen
1 Zwiebel
30 g Butter
500 ml Gemüsebrühe
125 ml Sahne
Salz, Pfeffer
frischer Majoran
Wienerle nach Bedarf

Von Sylvia Weixler, Durach

Erbsen auspulen, Zwiebeln pellen und fein würfeln. Fett in einem Topf zerlassen, Zwiebeln darin glasig dünsten. Erbsen zugeben, kurz andünsten lassen, mit der Brühe aufgießen und 20 Minuten leise kochen.

Mit der Schaumkelle einige Erbsen aus der Suppe nehmen und den Rest fein pürieren.

Sahne zugeben, mit Salz, Pfeffer und abgezupftem Majoran würzen. Restliche Erbsen und die klein geschnittenen Wienerle zur Suppe geben.

Feuerbohnensuppe – Mexikanische Art

Zutaten:
200 g Zwiebeln gewürfelt
100 g Butter
140 g Tomatenmark
Paprikapulver
200 g rote und grüne gewürfelte Paprikaschoten
1/2 Flasche Chilisoße
2 l Fleischbrühe
250 ml Sahne
Mehl
2 Dosen Feuerbohnen (Kidney)
500 g Rinderfilet in Streifen
Salz
Pfeffer
250 ml saure Sahne
2 Bund gehackten Dill

Eignet sich gut für Partys. Kann gut vorbereitet werden.

Fleisch in einer Pfanne scharf anbraten. In einem Topf Zwiebelwürfel in Butter glasig dünsten, Tomatenmark und Paprikapulver mitdünsten. Gewürfelte Paprikaschoten und Chilisoße zugeben und mit der Fleischbrühe aufgießen. Fleisch zugeben und kochen, bis das Fleisch weich ist. Die flüssige Sahne mit Mehl leicht binden und ca. 10 Minuten langsam mitkochen. Bohnen zugeben. Mit Salz und Pfeffer abschmecken. Auf die angerichtete Suppe saure Sahne und gehackten Dill geben.

Von Bettina Berkmann, Oberstaufen
Bild: Gerlinde Hörmann

Feuertopf

Von Andreas Rampp, Nassenbeuren-Mindelheim

Schweineschnitzel unter fließendem kaltem Wasser abspülen und trockentupfen. Das Fleisch in kleine Streifen schneiden. Knoblauch abziehen, durch die Presse drücken. Chilischoten waschen und entstielen, in kleine Würfe schneiden und zusammen mit Knoblauch-Gewürzsalz und Olivenöl zum Fleisch geben, gut durchrühren und 3 Stunden marinieren. Schmelzkäse in kleine Würfel schneiden. Zwiebel abziehen und würfeln, Paprika entstielen und ebenfalls würfeln. Beide Zutaten in Speiseöl andünsten. Die ange-

Zutaten:
600 g Schweineschnitzel
2 Knoblauchzehen
5 kleine rote Chilischoten
3 EL Speiseöl
1 EL Gewürzsalz
200 ml Schlagsahne
80 g Schmelzkäse
2 große Zwiebeln
3 rote Paprikaschoten
2 EL Olivenöl
500 ml Wasser
250 ml Zigeunersauce
1 EL Stärkemehl
Salz
frisch gemahlener Pfeffer
1 TL Thymian

dünsteten Zwiebeln und Paprika mit der Zigeunersoße und dem Wasser in einen großen Topf geben und kochen lassen. Das Fleisch von allen Seiten gut anbraten. Die kochenden Zwiebeln und Paprika vom Herd nehmen und mixen. Stärkemehl mit 5 EL kaltem Wasser anrühren, zur Suppe geben und nochmals aufkochen lassen. Sahne, das gebratene Fleisch und den Käse zur Suppe geben und mit Salz, Pfeffer und Thymian abschmecken.

Flädlesuppe
(Pfannkuchensuppe)

Zutaten:
Pfannkuchenteig:
125 g Mehl
1 Ei
250 ml Milch
Salz
zum Backen:
Fett
2 1/4 l Brühe
Schnittlauch

Aus Mehl, Ei, Salz und Milch dünnen Mehlteig herstellen, sehr dünne Pfannkuchen auf einer mit wenig heißem Fett oder Speckschwarte bestrichenen Pfanne goldgelb ausbacken. Nach dem Erkalten nudelartig fein schneiden und mit kochender abgeschmeckter Brühe übergießen und sofort zu Tisch geben.
Nicht kochen lassen! Pfannkuchen saugen viel Brühe auf, deshalb erhöhte Menge!

Von Annemarie Weixler,
Durach

Flädlesuppe mit Kräutern

Zutaten:
1 Bund Kräuter (z. B. Schnittlauch, Petersilie, Kerbel)
80 g Weizenmehl
1 Ei
200 ml Milch
etwas Salz
etwas Butter
1 l Brühe
Pfeffer

Kräuter waschen und fein hacken. Das Mehl mit dem Schneebesen in die Milch einrühren, das Ei, etwas Salz und gut die Hälfte der Kräuter dazugeben. Alles gut verrühren und ca. 30 Minuten quellen lassen. Etwas Butter in der Pfanne erhitzen und nacheinander 4 Pfannkuchen backen. Die Pfannkuchen abkühlen lassen, aufrollen und in 1 cm dünne Streifen schneiden. Die Brühe zum Kochen bringen und die Pfannkuchenstreifen darin erwärmen. Die Suppe mit den restlichen Kräutern sowie Salz und Pfeffer kräftig abschmecken.

Von Christine Mair,
Oy

Fleisch-Eintopf

Zutaten:
600 g Rindergulasch
150 g Zwiebeln
2 Bund Suppengrün
2 EL Butterschmalz
Salz
Pfeffer
Paprikapulver, edelsüß
1 1/2 l Fleischbrühe
je 1/2 TL Kümmel und Thymian
500 g Karotten
1 EL Öl
500 g Kartoffel
200 g Tiefkühl-Erbsen
1 EL geriebener Meerrettich (Glas)

Die Zwiebeln und das Suppengrün würfeln und zusammen mit dem Fleisch im heißen Butterschmalz anbraten. Salzen, pfeffern und mit Paprikapulver bestreuen. Dann die Fleischbrühe angießen, Kümmel sowie Thymian zufügen und alles bei milder Hitze etwa 1 Stunde schmoren lassen. Die Karotten schälen und in längliche Stücke schneiden. Das Öl erhitzen und die Karottenstücke darin andünsten. Salzen und pfeffern. Kartoffeln schälen, waschen, in Würfel schneiden und mit den Karotten etwa 30 Minuten vor Ende der Garzeit zum Eintopf geben. Die Erbsen ca. 8 Minuten vor Garzeitende zufügen. Den Eintopf mit Meerrettich, Salz und Pfeffer abschmecken.

Von Angelika Frey,
Dirlewang

Fleischbrühe

(Grundrezept)

Zutaten:
500 bis 1 000 g klein gehackte Rinderknochen
bis zu 500 g mageres Rindfleisch
1 1/2 l Wasser
etwas Salz
Pfefferkörner
1 Zwiebel
1 Bund Suppengrün (Karotten, Lauch, Sellerie)
Liebstöckel (»Maggikraut«)

Knochen und Fleisch kurz waschen und in einem Suppentopf mit dem Wasser zum Kochen bringen. Alle übrigen Zutaten zugeben und zugedeckt leise ca. 2 Stunden kochen lassen (bis das Fleisch weich ist). Dabei mehrmals abschäumen (damit sie klar bleibt). Das Fleisch herausnehmen, die Brühe durch ein Sieb abgießen.

Diese Brühe ist sehr kraftvoll. Das Fleisch kann als Suppenbeilage oder als Hauptgericht mit Meerrettichsoße oder Gemüse serviert werden.

Von Annemarie Weixler,
Durach
Bild: Lucia Hörmann

Forellencremesuppe

Zutaten:
50 g Butter
25 g Weizenmehl
500 ml Gemüsebrühe
300 g geräucherte Forellenfilets
200 ml Schlagsahne
4 EL Weißwein
1 EL Worcestersoße
Salz
Pfeffer
Zitronensaft
gehackte Petersilie

Butter im Topf zerlassen. Mehl einrühren, bis es hellgelb ist. Brühe hinzugießen und mit dem Schneebesen verrühren. Zum Kochen bringen und etwa 3 Minuten kochen lassen. Forellenfilets in kleine Stücke schneiden und in die Suppe geben. Sahne, Weißwein und dicke Worcestersoße hinzufügen. Die Suppe abschmecken, nochmals kurz aufkochen und mit Petersilie verzieren.

Von Claudia Ettensperger,
Peterstal
Bild: Winfried Becker

Gaisburger Marsch

Zutaten:
750 g Rindfleisch (Beinscheiben oder Bug)
1 1/2 l Wasser
etwas Salz
1 Zwiebel
1 Nelke
1 Lorbeerblatt
400 g Suppengemüse (Sellerie, Karotten, Lauch, Petersilienwurzel) in feine Streifen geschnitten
400 g Kartoffeln gewürfelt
200 g Spätzle
2 Zwiebeln in Ringe geschnitten
etwas Butter
Petersilie fein gewiegt
Muskat

Das Fleisch in kochendes Salzwasser geben, die mit einer Nelke gespickte Zwiebel und das Lorbeerblatt zugeben. Nach Belieben etwas Wurzelwerk etwa 2 Stunden weich kochen. 15 Minuten vor Ende der Garzeit Suppengemüse und Kartoffeln zugeben und mitkochen. Zwiebel und Lorbeerblatt entfernen. Spätzle in Salzwasser kochen, abgießen, mit kaltem Wasser überbrausen, abtropfen lassen. Das Fleisch aus der Brühe nehmen, in Würfel schneiden. Die Brühe mit Muskat, etwas Pfeffer, Salz und etwas Suppenpulver gut abschmecken. Fleisch und Spätzle hineingeben. Zwiebel in Butter leicht bräunlich rösten. Suppe anrichten, mit Petersilie bestreuen. Geröstete Zwiebeln darübergeben. Dazu reichen wir Baguette.

Von Ingeborg Gromer, Wiggensbach

Gärtner-Bouillon

Zutaten:
4 gestrichene EL Suppenpulver
2 Ecken Schmelzkäse
2 Tassen tiefgefrorene Erbsen
125 g mageres Rinderhackfleisch (Tatar)

1 1/4 l Wasser zum Kochen bringen. Das Suppenpulver darin auflösen und bei mittlerer Hitze auf dem Herd lassen. Den Schmelzkäse in kleinen Flocken zufügen und mit einem Schneebesen in der Suppe verrühren, bis er sich aufgelöst hat. Die Erbsen in die Suppe geben und erwärmen. Das Hackfleisch zu kleinen Klößchen formen und diese in der heißen Suppe fest werden lassen, sie sollen aber nicht kochen, nur 2 bis 3 Minuten ziehen. Sofort servieren.

Von Bettina Kolb,
Heimenkirch
Bild: Ulrike Finkenzeller

Schmeckt auch super ohne Klößchen.

Gemüse-Cremesuppe

Zutaten:
1 kg Kartoffeln
500 g Karotten
1 Zwiebel
1 Stange Lauch
Suppenwürze (»Maggi«)
Salz
3 EL Sahne

Klein geschnittene Zwiebel, gewürfelte Kartoffeln und Karotten im heißen Fett anbraten, als letztes den fein geschnittenen Lauch dazu. Mit etwas Wasser aufgießen und ca. 30 Minuten weich kochen lassen. Mit 2 EL Mehl binden. Kurz aufkochen. Anschließend im Mixer fein pürieren. Zum Schluss mit Salz, »Maggi« und Sahne abschmecken.

Von Maria Osterried,
Stötten

Gemüse-Eintopf

»Seelenwärmer«

Zutaten:
2 Zwiebeln
600 g Kartoffeln
500 g Karotten
2 Kohlrabi
2 EL Butter
1 l Fleischbrühe
300 ml Sahne
4 Wiener Würstchen
125 g geräucherten Speck
Petersilie, Pfeffer

Von Waltraud Böck, Eppishausen
Bild: Ulrike Finkenzeller

Zwiebeln in feine Ringe schneiden. Kartoffeln, Karotten und Kohlrabi in Würfel schneiden. Butter oder Margarine in einem großen Topf zerlassen und Zwiebelringe darin andünsten. Das übrige Gemüse dazugeben und mitdünsten. Brühe aufgießen, mit Salz und Pfeffer würzen und ca. 30 Minuten köcheln lassen, bis das Gemüse weich ist. Zum Schluss die Sahne unterrühren. Die Würstchen in ca. 1 cm dicke Scheiben schneiden und zum Gemüse geben. Speck in Würfel schneiden, in Pfanne auslassen und zum Eintopf geben. Mit reichlich gehackter Petersilie bestreuen.

Gemüse-Eintopf
mit Bohnen

Zutaten:
100 g durchwachsener Speck
2 Zwiebeln
2 Knoblauchzehen
500 g grüne Bohnen
2 EL Öl
400 g Schweinehackfleisch
500 ml heiße Fleischbrühe
2 rote Paprikaschoten
250 g Tomaten
1 Bund Petersilie
1/2 TL Paprikapulver, edelsüß
1 Prise getrockneter Salbei
Salz
1/2 Becher Sauerrahm

Speck in kleine Würfel schneiden. Zwiebeln und Knoblauchzehen fein hacken. Die Bohnen putzen, waschen und schneiden. Das Öl in der Kasserolle erhitzen, den Speck, die Zwiebel und den Knoblauch darin andünsten. Das Hackfleisch zugeben und bei milder Hitze anbräunen. Die Bohnen zum Hackfleisch geben. Die heiße Fleischbrühe zugießen und alles 30 Minuten köcheln lassen. Die Paprikaschoten putzen und in Streifen schneiden, die Tomaten überbrühen, häuten und halbieren. Paprikaschoten und Tomaten zum Hackfleisch geben, gut durchrühren und alles weitere 20 Minuten garen. Petersilie fein hacken. Das Gericht mit Sauerrahm, den Gewürzen und etwas Salz abschmecken. Zum Schluss die Petersilie darüberstreuen.

Von Marlene Köpf, Biessenhofen
Bild: Sylvia Weixler

Gemüse-Eintopf

mit Kasseler

Zutaten:
1 bis 2 EL Butter
1 Zwiebel
250 g Kartoffeln
3 Karotten
1 Stange Lauch
1 Zweig Liebstöckel
etwas Petersilie
1 l Gemüsebrühe
Salz
Pfeffer
2 Lorbeerblätter
400 g Kasseler

Butter in einem Topf erhitzen und die fein gewürfelte Zwiebel darin glasig schwitzen. Kartoffeln und Karotten schälen und würfeln. Lauch in Scheiben schneiden und Petersilie klein hacken. Das Gemüse zu den Zwiebeln geben und kurz anschwitzen. Die Gemüsebrühe angießen und das Ganze zum Kochen bringen. Bei mäßiger Hitze in 30 bis 45 Minuten garen, bis das Gemüse weich ist, aber nicht zerfällt. Eventuell Brühe nachgießen. Den Eintopf mit Salz und Pfeffer würzen und abschmecken. Das Kasseler in Scheiben schneiden, auf das Gemüse legen und erhitzen. Das Ganze ausgarnieren und mit Schnittlauch bestreuen.

»Gemüse, Fleisch und Kräuter klein, kommen in den Eintopf rein. Das Ganze kocht dann ganz allein. Gesund ist es noch obendrein.«

Von Helena Ziegler,
Buchloe-Honsolgen

Gemüse-Fischtopf –
Italienische Art

Zutaten:
600 g Fischfilet oder Meeresfrüchte nach Wahl
3 Paprikaschoten (rot, gelb, grün)
2 Dosen Tomaten in Stücken
Rinderbrühe
1 Zwiebel
Salz
Pfeffer
Kräuter der Provence

Öl in den Topf geben, klein gehackte Zwiebel und in Stücke geschnittene Paprikaschoten bei mittlerer Hitze dünsten (10 Minuten). Nach Geschmack Fisch bzw. Meeresfrüchte zugeben. Tomaten, Gewürze und Brühe dazu. Nochmals 10 bis 15 Minuten bei mittlerer Hitze garen. Dazu reicht man Baguette.

Von Gabi Neubauer,
Kempten
Bild: Sandra Frank

Gemüsebrühe
(Grundrezept)

Zutaten:
je 200 g Karotten, Sellerie, Lauch
1 Petersilienwurzel
1 Zwiebel
2 EL Fett
1 1/2 l Wasser
etwas Salz
Liebstöckel
weißer Pfeffer, ganz

Von Annemaria Weixler, Durach
Bild: Lucia Hörmann

Das Gemüse und die Zwiebel grob schneiden und in heißem Fett etwas anbraten. Mit Wasser aufgießen, salzen, Gewürze zugeben und zum Kochen bringen. Etwa 45 Minuten köcheln lassen. Die Brühe durch ein Sieb abgießen.

Klare Gemüsebrühe eignet sich zum Aufgießen von Suppen und Salaten oder für Brühe mit Einlage. Das Gemüse kann man zudem, wenn es nicht zu lange gekocht wurde, auch gut als Einlage verwenden.

Gemüsesuppe

Zutaten:
30 g Fett
1/2 Zwiebel
40 g durchwachsener Speck
2 bis 3 Karotten
2 bis 3 mittelgroße Kartoffeln
1 Stange Lauch
Brühe
Salz

Zwiebel und durchwachsener Speck in Würfel schneiden und im Fett andünsten.
Karotten und Kartoffeln schälen, klein schneiden und dazugeben. Den Lauch in Halbringe schneiden und ebenfalls dazugeben. Mit ca. 1 l Wasser aufgießen, mit Fleischbrühe und Salz nach Belieben würzen. Garzeit ca. 20 Minuten.

Von Mariluise Stölzle,
Oberschönegg

Gemüsesuppe –
Feine Art

Zutaten:
Buntes Gemüse,
beispielsweise:
3 Karotten
3 Kartoffeln
1 Fenchel
1/2 Stange Lauch
2 Paprika
1 Zucchini
1 1/2 l Wasser
2 bis 3 Brühwürfel
Petersilie oder
Schnittlauch

Karotten und Kartoffeln waschen, schälen und in Würfel schneiden. Restliches Gemüse waschen und ebenfalls in Würfel schneiden. Alles zusammen in ca. 1 l kochendes Wasser mit Suppelwürfel geben und bei schwacher Hitze etwa 10 Minuten kochen. Mit dem Pürierstab das Gemüse zerkleinern. Restliche Brühe dazugeben und abschmecken.

Vor dem Servieren frische Petersilie oder Schnittlauch hinzugeben.

Von Elisabeth Springer,
Augsburg

Gemüsesuppe –
mit Lachsstreifen

Zutaten:
1 Zwiebel
1 kg Kartoffeln
750 g Karotten
Salz
Pfeffer
Suppenpulver für Gemüsebrühe »Fondor«
Schmand (nach Geschmack)
Lachsstreifen
Rucola

Zwiebel schälen, fein würfeln und in einem großem Topf anbraten. Kartoffeln und Karotten schälen, würfeln und zu der Zwiebel geben. Alles zusammen kurz andünsten und anschließend mit Brühe aufgießen. Gemüse darin bissfest kochen und anschließend mit einem Pürierstab pürieren. Mit den Gewürzen abschmecken und nach Belieben Schmand zufügen. Suppe in die Teller verteilen und mit Lachstreifen und Rucolablättern servieren. Dazu reicht man Weißbrot.

Von Andrea Sterzl, Durach
Bild: Sandra Frank

Gemüsesuppe –
Italienische Art

Zutaten:
1 Zwiebel
1 Knoblauchzehe
100 g Speck
1 EL Olivenöl
1/2 Stange Lauch
1 Scheibe Sellerie
2 Karotten
1 Staude Broccoli
2 Kartoffeln
1 kleine Petersilienwurzel
2 Tomaten
oder passierte Tomaten
3 EL Erbsen
50 g kleine Nudeln
(Muscheln oder Sterne)
etwas geriebener
Parmesan

Gemüse waschen, schälen oder putzen, Speck und Gemüse in Würfel schneiden, Zwiebel und Speck im Öl anbraten, Gemüse mit anbraten, mit Wasser aufgießen, mit Suppenbrühe abschmecken und gar kochen (ca. 30 Minuten). Nudeln in Salzwasser kochen, zur fertigen Suppe geben, nach Belieben Parmesan darüberstreuen.

Von Brunhilde Kögel,
Frauenzell

Gemüsesuppe –
Italienische Art (mit Wammerl)

Zutaten:
40 g geräuchertes Wammerl
4 EL Öl
1 Zwiebel
500 g Gemüse (Kartoffeln, Karotten, Sellerie, Lauch)
1 Knoblauchzehe
3 bis 4 frische Tomaten oder 2 EL Tomatenmark
Salz
1 1/2 bis 2 l Wasser
frische Kräuter

Wammerl und Zwiebel fein würfeln und in Öl andünsten. Gemüse in Würfel schneiden, Lauch in Scheiben schneiden und mit andünsten. Frische Tomaten oder Tomatenmark sowie Salz dazugeben und kurz mitdünsten. Mit heißem Wasser aufgießen und zugedeckt gar kochen (ca. 30 bis 40 Minuten). Suppe abschmecken und zum Schluss frische Kräuter darüberstreuen.

Von Rosi Reichenbach,
Untrasried

Gemüsesuppe –
Schnelle Art

Zutaten:
1 kg Kartoffeln
3 bis 4 mittlere Karotten
1 bis 2 Zwiebeln (je nach Schärfe)
1 Dose Mais
1/2 Ring Lyoner
oder 2 Paar Debrecziner
Butterschmalz
Suppenwürfel
Petersilie
»Maggi«
Salz
Pfeffer

Zwiebel würfeln und kurz in Butterschmalz andünsten. Die fein gehobelten Kartoffeln und Karotten beigeben und mit Wasser aufgießen, bis das Gemüse gut bedeckt ist. Dann etwa 10 bis 15 Minuten köcheln lassen. Mais zugeben und mit dem Suppenwürfel und den Gewürzen abschmecken. Zum Schluss die geschnittenen Wurstsorten (kann auch Suppenfleisch sein) dazugeben. Wer mag, kann die Suppe kurz durchpürieren, dann wird sie sämiger.

Mit Lauch und anderem Gemüse schmeckt sie immer wieder unterschiedlich. Auch für Kinder ist es eine Alternative zu reinen Gemüsegerichten.

Von Uli Steinle-Senn,
Füssen

Gersteneintopf

Schmeckt auch am nächsten Tag noch sehr gut. Wenn es für mehr Leute reichen soll als Suppe, dann einfach mit Brühe aufgießen.

Gerstengraupen waschen. Rapsöl erhitzen, die gewaschenen Gerstengraupen dazugeben, umrühren und mit dem Wasser aufgießen und und zum Kochen bringen. Dann den Schnellkochtopf verschließen und etwa 10 Minuten auf Stufe 1 (Gemüse) halbfertig garen. Gerste mit Wasser auffüllen und dann soviel Wasser wieder wegschütten, dass die Gerstengraupen gerade noch bedeckt sind (wer die Gerste sehr sämig mag, lässt das Wasser drin). Kartoffeln und Karotten würfeln, Lauch in Ringe schneiden,

Zutaten:
250 g Gerstengraupen
1 EL Rapsöl
1 1/4 l Wasser
400 g Kartoffeln (festkochend)
400 g Karotten
1 kleine Stange Lauch
150 g Bauchspeck roh
2 gehäufte EL selbstgemachtes Suppengewürz oder 1 EL Suppenpulver für Gemüsebrühe
Salz
bunter, gemahlener Pfeffer
gemahlener Kümmel
2 bis 3 Paar Wienerle oder entsprechende Menge Kassler, Ripple oder Fleischwurst
etwas Petersilie

Bauchspeck in ganz kleine Würfel schneiden, Suppengewürz und etwas Salz zugeben. Alles zur Gerste geben und nochmals mit soviel Wasser auffüllen, dass Gerste und Gemüse gut bedeckt sind. Alles zum Kochen bringen, Schnellkochtopf schließen und für etwa 15 Minuten bei Stufe 1 garen. Platte abschalten und nochmals 15 Minuten ziehen lassen. Wienerle, Ripple oder Fleischwurst klein schneiden und dazugeben. Mit Salz, Pfeffer und Kümmel abschmecken und etwas Petersilie dazugeben.

Von Angelika Kimpfler, Gestratz

Goldwürfel in Suppeneinlage

Zutaten:
10 Scheiben trockenes Toastbrot
4 Eier
Salz
Fett zum Ausbacken

Toast in Würfel schneiden, Eier schaumig rühren, etwas Salz zugeben. Toastwürfel unter die Eimasse heben. In heißem Fett schwimmend goldbraun ausbacken.

Von Claudia Zettler,
Woringen

Graupeneintopf

Zutaten:
200 g Perlgraupen
2 Karotten
1 kleine Zwiebel
150 g Sellerie
1 EL Butterschmalz
500 g Lamm- oder Rindfleisch
Salz
Pfeffer
gehackte Petersilie

Die Perlgraupen in kaltes Wasser über Nacht einweichen. Das Gemüse putzen und grob würfeln. Das Fleisch ebenfalls in Würfel schneiden. Das Butterschmalz in einem Topf erhitzen und die Gemüsewürfel darin andünsten. Die Fleischwürfel dazugeben und mit andünsten. Das Wasser von den Graupen abgießen und dazugeben. Mit Salz und Pfeffer würzen. Etwa 40 Minuten kochen lassen, bis Graupen und Fleisch weich sind. Abschmecken und beim Anrichten mit Petersilie bestreuen. Dazu passen Seelen oder Knauzenwecken.

Von Andrea Ziesel,
Ochsenhausen

Grießknödelsuppe

Zutaten:
220 g Grieß
2 Eier
100 g warme Butter
Salz
Muskat
Majoran

Grieß und Eier mit dem Schneebesen verrühren, die flüssige Butter zugeben und zu einem glatten Teig verrühren. Den Teig würzen und ca. 2 Minuten ruhen lassen. Dann mit 2 Löffeln Knödel formen und in der Brühe ca. 8 bis 10 Minuten kochen.

Von Sabine Buchmann,
Durach

Grießknödelsuppe –

Brandteig

Zutaten:
125 ml Wasser
40 g Butter
50 g Hartweizen
1 Ei
Salz
Muskat
Brühe oder Salzwasser

Wasser mit Butter im geschlossenen Topf aufkochen, Grieß einrühren und in einem Kloß abbrennen. Das Ei unterrühren. Mit Salz und Muskat abschmecken. Klößchen abstechen oder Knödel formen und in kochender Flüssigkeit 5 Minuten ziehen lassen.

Von Maria Kögel,
Wengen

Grießknödelsuppe –
frittiert

Zutaten:
500 ml Milch
1/2 TL Salz
1 Msp. Muskat
150 g Grieß
3 bis 4 Eier

Milch mit Salz und Muskatnuss zum Kochen bringen. Den Grieß einstreuen und rühren, bis ein fester »Kloß« entsteht. Den Topf vom Herd nehmen und hintereinander je 1 Ei unterrühren. Teig ca. 30 Minuten quellen lassen. Klößchen abstechen und in heißem Öl frittieren.
Die Grießknödel können bereits am Vortag hergestellt werden.

Von Irmgard Grath,
Burkatshofen-Stiefenhofen
Bild: Sylvia Weixler

Diese Grießknödel gibt es bei uns an Festtagen zur Brätknödelsuppe, statt Backerbsen.
Das Rezept ist von meiner Mama.

Grießknödelsuppe –
gebacken

Zutaten:
1 l Suppenbrühe
2 Eier
Salz
Grieß
Fett zum Ausbacken

Suppenbrühe im Topf bereitstellen. Etwas Fett in einer Pfanne erhitzen. Eier mit Salz verrühren und so viel Grieß dazugeben, dass der Teig noch leicht zerläuft. Mit einem Teelöffel kleine Häufchen in das heiße Fett in der Pfanne setzen und goldbraun ausbacken, wenden und die Rückseite ebenfalls hellbraun ausbacken. Herausnehmen, in die Suppenbrühe geben und langsam erwärmen. Abschmecken. Bei der Zubereitung der Knödel muss alles vorbereitet sein und sehr schnell gehen, weil der Teig mit dem rohen Grieß sehr schnell fest wird und es dann keine schönen Klößchen mehr gibt.

Von Margit Schindele,
Rückholz

Grießnockerlsuppe

Zutaten:
250 ml Milch
80 g grober Grieß
Salz
1 bis 2 Eier
1 1/2 l Brühe
Schnittlauch

In die kochende Milch den Grieß einstreuen, salzen, zu sehr steifem Brei kochen, etwas abkühlen lassen, Ei zugeben, Probenockerl kochen; ist dieses gut, die übrigen Nockerl mit zwei Teelöffeln formen und in die kochende, abgeschmeckte Brühe einlegen, 5 Minuten leise kochen lassen, anrichten.

Von Annemarie Weixler,
Durach

Grießschnecken

in Gemüsesuppe

Zutaten:
500 ml Milch
1/2 TL Salz
125 g Hartweizengrieß
20 g Butter
2 Eier
1 Zwiebel
50 g Schinkenspeck
1 Bund Petersilie
Pfeffer
1 Bund Suppengrün
1 1/2 l Brühe

Milch mit Salz aufkochen, Grieß einstreuen, 1 Minute kochen lassen, vom Herd nehmen, 10 g Butter und die Eier unterrühen und auf Frischhaltefolie ausstreichen (ca. 20 x 30 cm). Zwiebeln und Speck fein würfeln, Petersilie hacken. Die Zutaten, bis auf 1 EL Petersilie, in der restlichen Butter braten, pfeffern und auf dem Grieß verteilen. Grieß mit der Folie aufrollen und kalt legen. Suppengrün putzen, in dünne Streifen schneiden und 10 Minuten in der Brühe garen. Grießrolle in ca. 1 1/2 cm dicke Scheiben schneiden, kurz in der Brühe garen, bis sie aufsteigen. Mit der restlichen Petersilie bestreut servieren.

Von Monika Rabus,
Memmingen

Grießsuppe mit Ei

Zutaten:
1 l Brühe
4 EL Grieß
3 Eier
Salz
Pfeffer
Petersilie

Brühe aufkochen. Den Grieß einstreuen und unter ständigem Rühren 5 Minuten köcheln lassen. Eier einrühren, nicht mehr kochen. Suppe mit Salz, Pfeffer und gehackter Petersilie abschmecken.

Von Marianne Brey,
Memmingen

Grünkernsuppe

Zutaten:
1 Zwiebel, 1 Karotte
1 l Gemüsebrühe
100 g Grünkern
1 Eigelb
200 ml Sahne
etwas Weißwein
Vollkornbrotwürfel
1 Bund Petersilie, gehackt

Von Monja Sauter,
Altensteig
Bild: Gabi Striegl

Zwiebel klein schneiden, Karotte raspeln und mit etwas Fett andünsten. Mit 1 l Gemüsebrühe aufgießen. 100 g Grünkern schroten und in heiße Brühe einrieseln lassen, aufkochen. Das Ganze ca. 15 Minuten bei schwacher Wärmezufuhr ausquellen lassen. Das Eigelb mit Sahne und Weißwein verquirlen und in die Suppe einrühren. Mit Petersilie bestreuen. Vollkornbrotwürfel in Butter anrösten und zur Suppe reichen. Ergibt ein sättigendes Hauptgericht.

Grünkohlsuppe

Zutaten:
500 g frischen Grünkohl
400 g mehlige Kartoffeln
1 bis 2 Zwiebeln
100 g Schinkenspeck
in Scheiben
etwa 1 1/2 l Fleisch- oder Gemüsebrühe
schwarzer Pfeffer
1/2 Becher Sahne oder Crème fraîche
2 TL Speisestärke

Frischen Grünkohl waschen, die dicken Rippen mit einem Messer entfernen. Grünkohl in Streifen schneiden. Kartoffeln und Zwiebeln schälen und in kleine Würfel schneiden. Schinkenspeck in kleine Würfel schneiden. Speck mit Zwiebeln in etwas Öl anbraten. Klein geschnittenen Grünkohl und Kartoffeln dazugeben, kurz andünsten und mit Fleischbrühe ablöschen. Etwa 1 Stunde bei kleiner Flamme weiterkochen. Suppe mit Pürierstab etwas zerkleinern. Falls nötig, nochmal mit etwas Brühe auffüllen, Speisestärke in der Sahne oder Crème fraîche auflösen und damit die Suppe abbinden (mindert den herben Geschmack des Grünkohls). Abschmecken und mit Salz, Pfeffer und etwas Muskat würzen.

Andere Variante: Mit Stücken vom geräucherten Wammerl oder mit geräuchertem Forellenfilet und Sahnetupf servieren.

Grünkohlsuppe
mit geräuchertem Forellenfilet

Von Ingeborg Fenzl,
Durach

Gulasch –

Szegediner Art

Zutaten:
500 g Fleisch (Schwein oder Rind)
30 g Fett
400 g Zwiebeln
2 Paprikaschoten
1 Knoblauchzehe
Paprikapulver
Thymian
Salz
Kümmel
2 TL Tomatenmark
500 g Sauerkraut
500 g Kartoffeln
250 ml Brühe
Mehl
2 EL Sahne

Fleisch in Würfel, Zwiebeln in Scheiben und Paprika in Streifen schneiden. Fleisch in heißem Fett bei guter Hitze rasch anbräunen, Zwiebeln zufügen und leicht bräunen, Paprika beifügen und etwas schmoren lassen. Klein geschnittenes Kraut, die in Würfel geschnittenen Kartoffeln, die zerdrückte Knoblauchzehe, die Gewürze und das Tomatenmark zufügen und gut durchmischen. Bei Bedarf kochende Brühe angießen und zugedeckt eine gute Stunde schmoren lassen. Mit etwas Mehl binden, Sahne beifügen und pikant abschmecken.

Von Andrea Brey,
Böhen

Gulaschsuppe

Zutaten:
150 g Wammerl
300 g Rindfleisch
1 Paar Debreziner
200 g Zwiebeln
1 grüne Paprika
1 Knoblauchzehe
20 g Paprikapulver, edelsüß
1 EL Tomatenmark
Majoran
Kümmel
Salz
Wasser oder Suppe
300 g Kartoffeln

Wammerl in kleine Würfel schneiden, bei starker Hitze glasig schwitzen, 200 g Zwiebeln fein hacken, zugeben, lichtbraun rösten. Paprikapulver und Tomatenmark unterrühren. Klein geschnittenes Rindfleisch, dünne Scheiben von den Debrezinern, Paprika in Streifen, Knoblauch, Majoran, Kümmel (fein gehackt) und Salz dazugeben. Dann ca. 750 ml klare Suppe (oder Wasser) zugießen. Rohe Kartoffeln schälen, kleinwürflig schneiden, beigeben, mit allem weich kochen. Vor dem Servieren nochmals würzig abschmecken.

Von Stefanie Waibel,
Kippach-Wald
Bild: Brigitte Weixler

Gulaschsuppe –
Mexikanische Art

Zutaten:
1 Zwiebel
150 g durchwachsener Speck
2 Dosen weiße Bohnen
1/2 Glas Rotwein
4 Paar Debreziner
1 Flasche Ketchup
1 Suppenwürfel
Lorbeer
Pfeffer
Majoran
Bohnenkraut
Paprikapulver
Zitronensaft
Zucker
Salz

Die fein gehackte Zwiebel mit den Speckwürfeln anbräunen. Die weißen Bohnen, die Flasche Ketchup, den Suppenwürfel, das halbe Glas Rotwein und die in Scheiben geschnittenen Debreziner zugeben. Nach Belieben mit Lorbeerblätter, Majoran, Bohnenkraut, Paprika, Pfeffer, Zitronensaft, etwas Zucker und Salz gut würzen. Suppe sollte 1 Tag vor dem Verzehr angesetzt werden.

Von Josefa Egg,
Salgen-Hausen
Bild: Andrea Wiedemann

Gurken-Käse-Suppe

Zutaten:
2 Salatgurken
250 g Hackfleisch
2 EL Öl
Salz
Pfeffer
1 l Gemüsebrühe
150 g Frischkäse
150 g Crème fraîche
150 g saure Sahne
1 Bund Dill

Gurke schälen, der Länge nach halbieren und die Kerne mit einem Löffel herauskratzen. Gurkenhälften in dünne Scheiben schneiden. Hackfleisch im heißen Öl krümelig braten. Würzen und die Gurkenscheiben dazugeben. Mit Gemüsebrühe aufgießen, dann Frischkäse, Crème fraîche sowie saure Sahne einrühren. Die Suppe etwas einköcheln lassen. Dill ohne grobe Stiele fein hacken, vor dem Servieren über die Suppe streuen.

Von Susanne Eggel,
Wertach
Bild: Sonja Stegmann

Gurkeneintopf – Französische Art

Zutaten:
400 g Hackfleisch
1 Salatgurke
1/2 Dose geschälte oder pürierte Tomaten
1 kleines Glas Champignons
3 Kartoffeln
2 Zwiebeln
100 ml süße Sahne
Salz, Pfeffer
Paprikapulver, Curry, Rosmarin, Muskat, Suppenpulver

Von Barbara Kößler, Untrasried
Bild: Ulrike Finkenzeller

Zwiebeln würfeln, Gurke schälen und halbiert in Scheiben schneiden, Kartoffeln waschen und geschält in halbierte Scheiben schneiden. Hackfleisch in Öl gut anbraten, Zwiebeln und Gurke nacheinander zugeben und andünsten, Saft ziehen lassen, Champignons mit Wasser hinzufügen, Tomaten zugeben. Kartoffeln unterrühren und würzen, das Ganze 20 Minuten schwach kochen lassen. Bei Bedarf Wasser zugeben, anschließend abschmecken und mit der Sahne abrunden.

Gyros-Suppe

Zutaten:
1 kg Fleisch (Gyros)
3 Becher Sahne
2 Päckchen Suppe (Zwiebelsuppe)
2 rote Paprikaschoten
1 Dose Mais
1 Glas Zigeunersoße
je nach Geschmack:
1/2 Flasche Chilisoße

Gyros anbraten, mit Sahne verrühren und über Nacht ziehen lassen. 2 Tüten Zwiebelsuppe mit 11/2 l Wasser und den übrigen Zutaten (ohne Chilisoße) mit dem Gyros aufkochen.
Zum Schluss die Chilisoße zugeben. Nicht mehr kochen. Zubereitungszeit: 30 Minuten. Geht ganz einfach.

Von Andrea Häring,
Lauben

Gyros-Suppe
mit Frischkäse

Zutaten:
750 g Puten- oder Schweineschnitzel
3 EL Olivenöl
250 ml Wasser
2 mittlere Zwiebeln
3 EL Olivenöl
3 bunte Paprika
250 ml Wasser
250 ml Sahne
150 g Frischkäse
1 Beutel Zwiebelsuppe
1 kleines Glas Zigeuner- oder Chilisoße
1 TL Gyrosgewürz
Salz
Pfeffer

Fleisch in feine Streifen schneiden, über Nacht mit einer Mischung aus Olivenöl, Salz, Pfeffer und Paprika marinieren, dann leicht anbraten, aufgießen und leise kochen lassen. Zwiebel schneiden und in Öl andünsten und zum Fleisch geben. Die geschnittene Paprika zerkleinern und mit den weiteren Zutaten zugeben. Etwa 1 Stunde vor sich hinkochen lassen. Dazu passt Baguette oder auch selbst gebackenes Brot.

Von Elisabeth Senn,
Füssen

Hackfleisch-Käse-Suppe

mit Tortellini

Zutaten für 10 bis 12 Personen:
2 Stangen Lauch
2 rote Paprikaschoten
2 EL Öl
500 g Hackfleisch
1 bis 1 1/2 l Gemüsebrühe
300 g Schmand oder Sauerrahm
200 g Schmelzkäse
Soßenbinder für helle Soßen
500 g Tortellini

Lauch putzen und in Ringe schneiden. Paprika putzen und würfeln. Öl in einem Topf erhitzen und Hackfleisch darin anbraten, dann Lauch und Paprika zugeben und mit Gemüsebrühe ablöschen. Schmelzkäse und Schmand bzw. Sauerrahm unterheben und mit Soßenbinder binden. Die Tortellini ca. 15 Minuten vor dem Servieren unterheben. Dazu passt sehr gut Kräuterbrot.

Von Carolin Mair,
Aitrang

Hackfleischtopf

mit Gemüse

Zutaten:
1 Zwiebel
500 g Hackfleisch
400 g Karotten
400 g Kartoffel
2 bis 3 Paprika
250 bis 500 ml Wasser
2 EL Tomatenmark
Pfeffer, Salz
Oregano, Knoblauchsalz
Chiligewürz

Zwiebel klein schneiden, in Fett andünsten, Hackfleisch dazugeben, mitdünsten. In Würfel geschnittene Karotten, Kartoffeln und Paprika beifügen. Mit Wasser und Tomatenmark aufgießen. Mit Salz, Pfeffer, Oregano, Knoblauchsalz und Chili gut würzen und gar kochen. Mit frischem Weißbrot, Semmel oder Laugengebäck servieren.

Von Regina Holzmann,
Stötten-Steinbach

Hackfleischtopf

mit Käse für Partys

Zutaten:
1 bis 2 EL Öl
50 g Speckwürfel
250 g Hackfleisch
1 gehackte Zwiebel
1 Stange Lauch (in Ringe geschnitten)
150 g frische Egerlinge oder Champignons
1 fein gehackte Knoblauchzehe
1 l Wasser
Champignoncreme-Suppe (Instant, Menge für 1 l Wasser)
150 g Kräuter-Schmelzkäse
Salz
Pfeffer
Schnittlauch

Speck, Hackfleisch, Zwiebel, Lauch, Pilze und Knoblauch im Öl anbraten. Zur Seite stellen. Das Wasser aufkochen, Champignoncreme-Suppe einrühren, aufkochen, dann den Käse zugeben und unter Rühren schmelzen lassen. Die Hackfleischmasse unterrühren. Mit Salz, Pfeffer und Schnittlauch abschmecken.

Eignet sich hervorragend für Feiern und lässt sich auch gut vorbereiten (erst kurz vor dem Servieren abschmecken.

Von Daniela Echtler,
Stötten

Hackfleischtopf –

Russische Art

Zutaten:
2 große Zwiebeln
2 EL Speiseöl
800 g Rinderhackfleisch
1 1/2 Stangen Lauch
1 Päckchen (400 g)
Tomatenpüree
250 ml Fleischbrühe
1 EL Senf
1 TL Paprikapulver, mild
Salz
frisch gemahlener Pfeffer
1 Becher saure Sahne
(225 g)

Zwiebeln abziehen, fein würfeln, in einem Brattopf in erhitztem Öl dünsten. Dann die Hitze erhöhen, das Hackfleisch in den Topf geben und unter Rühren so lange braten, bis es leicht braun und krümelig ist. Lauch putzen, in Ringe schneiden, waschen, mit Tomatenpüree, Fleischbrühe, Senf und Gewürzen zu dem Hackfleisch geben. Zum Kochen bringen. Hackfleischtopf etwa 15 Minuten bei schwacher Hitze garen, häufig umrühren. Abschmecken. Die saure Sahne erst kurz vor dem Servieren darübergießen.
Als Beilage eignen sich hervorragend Nudeln oder Reis.

Von Maria Hebel,
Ronsberg

Hähnchentopf –

Spanische Art

Zutaten:
6 Hähnchenschenkel
Salz
Pfeffer
3 EL Olivenöl
1 1/4 l Fleischbrühe
2 mittelgroße rote Paprikaschoten
150 g Langkornreis
300 g Tiefkühl-Erbsen
2 EL Tomatenmark
1 Glas Champignons in Scheiben (etwa 280 g mit Flüssigkeit)
getrockneter Rosmarin und Basilikum

Hähnchenschenkel waschen, trockentupfen und mit Salz und Pfeffer würzen. Olivenöl in einem großen Bräter erhitzen. Hähnchenschenkel von allen Seiten gut anbraten, 1 l Fleischbrühe zugießen, zum Kochen bringen und etwa 20 Minuten kochen lassen. Inzwischen Paprikaschoten putzen und waschen. Schoten in Würfel schneiden, zusammen mit dem Reis, den gefrorenen Erbsen, dem Tomatenmark und den Champignonscheiben (mit der Flüssigkeit) in den Bräter geben. Restliche Fleischbrühe hinzugießen und alles mischen. Den Hähnchentopf zum Kochen bringen und zugedeckt bei mittlerer Hitze etwa 20 Minuten garen, dabei ab und zu umrühren. Zum Schluss mit Salz, Pfeffer, Rosmarin und Basilikum abschmecken.

Von Vroni Sing, Pfronten
Bild: Manuela Immler

Hochzeitssuppe – Niedersächsische Art

Aus den Zutaten die Fleischsuppe herstellen. Kochen und mit Salz abschmecken. Alle Eierstichzutaten gut verrühren, in eine mit Butter ausgestrichene Tasse oder Form füllen. Zugedeckt im Wasserbad 20 Minuten ziehen lassen bis die Masse gestockt ist. Stürzen und nach dem Erkalten Würfel oder verschobene Vierecke daraus schneiden. Danach die Semmel in Milch einweichen, Zwiebel in kleine Würfel schneiden und in etwas Butter andünsten. Hackfleisch mit den anderen Zutaten gut verkneten. Je nach

Von Anke Wirth, Durach

Zutaten:

Fleischsuppe:
1 Stück Suppenfleisch
1 Karotte
etwas Lauch

Eierstich:
2 Eier
2 Eigelb
1 Tasse Milch
Salz
Muskat

Hackfleischklößchen:
400 g Hackfleisch
1 kleine Zwiebel
1 Semmel
Milch
1 Ei
etwas Mehl
Salz
Pfeffer
Paprikapulver

Nudeln:
250 g kleine Suppennudeln

Festigkeit des Teiges etwas Mehl dazugeben. Mit Salz, Pfeffer und Paprika würzen. Kleine Klößchen formen und in Salzwasser etwa 10 Minuten garen. Danach kleine Suppennudeln nach Anleitung kochen. Vor dem Servieren alle Suppeneinlagen in die heiße Fleischsuppe einlegen und mit Schnittlauch garnieren.

Hochzeitssuppe –
Schwäbische Art

Die Schwäbische Hochzeitssuppe ist die traditionelle Festsuppe im Schwäbischen und natürlich auch im Allgäu. Man serviert sie nicht nur zu Hochzeiten; sie eröffnet auch alle anderen Festessen, bei runden Geburtstagen etwa, aber auch beim so genannten »Leichenmahl«.
Der Feierlichkeit des Anlasses wegen, zu der sie gegessen wird, enthält die Schwäbische Hochzeitssuppe immer mehrere verschiedene Knödel als Einlage.

Von Annemarie Weixler, Durach

Zutaten
(für die Backspätzle):
1/8 l Wasser
25 g Butter
Salz
75 g Mehl
2 Eier
1 kleine Prise Backpulver nach Bedarf
Ausbackfett

Das können Brätknödel (Rezept Seite 23) und Leberknödel (Rezept Seite 144) sein, mitunter werden aber auch Grießknödel (Seite 70) oder Grießnockerl (Seite 74) dazu serviert.
Verfeinert wird die Suppe mit so genannten »Backspätzle«, die man fertig kaufen, aber auch selber machen kann.

Für die Backspätzle braucht man einen Brandteig. Wasser, Butter und Salz kochen, kurz vom Feuer nehmen, Mehl auf einmal unter festem Rühren zugeben, auf dem Feuer rühren, bis sich Kloß vom Topf löst und am Topfboden sich eine weiße Haut anlegt, vom Feuer nehmen, verquirlte Eier langsam untermischen, erkalten lassen und falls nötig eine Prise Backpulver untermengen. Teig durch Spatzenseiher oder Spritztülle mit glatter Tülle in heißes Ausbackfett geben, goldgelb backen, gut abtropfen lassen.
Zur Suppe reichen oder vor dem Anrichten in die fertige Suppe geben.

Indianersuppe

Zutaten:
8 große Pellkartoffeln
1 rote und 1 gelbe Paprika
1 große Zwiebel
Fett
1 kleine Dose Mais
1 1/2 l Wasser
2 bis 3 Fleischbrühwürfel
2 Becher Schmand

Paprika und Zwiebel klein schneiden und im Fett andünsten, Mais zugeben. Mit 1 l Wasser aufgießen und 15 Minuten kochen lassen. Kartoffeln pellen, würfeln und zufügen. Restliches Wasser mit Schmand und Brühwürfeln zugeben, mit Gewürzen abschmecken, aufkochen und etwas ziehen lassen.

Von Stefanie Herz,
Ermengerst
Bild: Elisabeth Springer

Jägereintopf

Zutaten:
250 g Hackfleisch
15 g Öl
1 Zwiebel
1 Dose Champignons
1 Tasse Reis
2 Tassen Brühe
Salz
Pfeffer
Paprikapulver

Hackfleisch in einer Pfanne im Öl anbraten, geschnittene Zwiebel und Champignons zugeben und würzen. Reis waschen und mit den 2 Tassen Brühe in den Schnellkochtopf geben. Das angedünstete Hackfleisch mit Pilzen und Zwiebeln zu dem Reis in den Schnellkochtopf geben, gut durchrühren und Gewürze dazugeben. Etwa 20 Minuten garen. Als Beilage reicht man Salat der Saison.

Von Hildegard Geiger,
Pleß
Bild: Rosi Müller

Jägersuppe
mit Pfifferlingen

Zutaten:
1 Dose Pfifferlinge (250 g)
oder frische Pfifferlinge
50 g durchwachsener
Speck
2 Zwiebeln
2 EL Butter
2 EL Mehl
750 ml Fleischbrühe
125 ml Sherry
125 ml saure Sahne
1 Prise Cayennepfeffer
Salz, Pfeffer
Schnittlauch

Von Gertrud Endres,
Kronburg
Bild: Dagmar Müller

Pfifferlinge im Sieb abtropfen lassen. Speck und geschälte Zwiebeln fein würfeln. Butter hell bräunen, Pilze darin wenden und braten bis sie duften, dann herausnehmen. Zwiebeln und Speck im Bratenfett hell rösten, mit Mehl bestäuben und hell bräunen. Fleischbrühe und Sherry zugießen, gut verrühren und aufwallen lassen. Suppe 10 Minuten kochen. Pilze und Sahne zufügen und kurz aufkochen. Suppe mit Gewürzen abschmecken und mit Schnittlauchringen bestreuen.

Karotten-Kartoffel-Suppe

Zutaten:
500 g Karotten
1 große Kartoffel
1 Zwiebel
1 EL Butter
1 unbehandelte Orange
Salz
Pfeffer
1 l Gemüsebrühe

Karotten und Kartoffel schälen, in kleine Stücke schneiden. Zwiebel würfeln und in der Butter andünsten, das Gemüse zugeben und 5 Minuten mitdünsten. Brühe aufgießen und die Suppe etwa 20 Minuten köcheln lassen. Orangensaft und Schale zugeben. Die Suppe fein pürieren. Mit Salz und Pfeffer abschmecken.

Wer mag, gibt vor dem Pürieren ein wenig gehackten Ingwer in die Suppe. Mit etwas Sahne lässt sie sich schnell verfeinern.

Von Barbara Steinle,
Lautrach

Karotteneintopf

Zutaten:
1 kg Karotten
500 g Kartoffeln
500 g Rindfleisch
2 Zwiebeln
30 g Öl
20 g Margarine
1 Prise Salz
Pfeffer
Muskat
125 ml Brühe
Zum Garnieren:
1 Bund Petersilie

Karotten, Kartoffeln und Zwiebeln schälen. Karotten in Scheiben schneiden, Kartoffeln würfeln, Zwiebel in Ringe und das Rindfleisch in Würfel schneiden. Öl und Margarine in einem Topf erhitzen und die Fleischwürfel darin anbraten. Zwiebeln und Karotten zugeben, würzen, umrühren und die Brühe daraufgießen. Das Ganze ca. 45 Minuten bei mittlerer Hitze garen. 20 Minuten vor Ende der Garzeit die Kartoffeln zugeben. Nochmals mit den Gewürzen abschmecken und mit Petersilie garnieren.

Von Elfriede Wenger,
Unterroth

Karottensuppe

Zutaten:
2 Zwiebeln
1 Knoblauchzehe
600 g Karotten
1 Apfel
2 bis 4 EL Butter
2 EL Mehl
500 ml Gemüsebrühe
125 g Sauerrahm
1 Eigelb
Salz
4 EL Sahne
gehackte Petersilie
Chilipulver

Zwiebeln und Knoblauch abziehen, grob hacken, Karotten und Apfel schälen, putzen, klein schneiden. Zwiebel und Knoblauch in Butter anschwitzen, Karotten- und Apfelstücke zugeben, kurz mitbraten. Mehl darüberstäuben, kurz unter Rühren anschwitzen. Brühe angießen. Suppe ca. 20 Minuten kochen, salzen, pürieren, Eigelb verquirlen und mit Sauerrahm zur Suppe geben und verrühren. Mit Sahnestreifen, Petersilie und Chilipulver anrichten.

Von Renate Weiß,
Stötten

Kartoffel-Apfel-Suppe – cremig

Zutaten:
2 bis 3 Scheiben Frühstücksspeck (ca. 30 g)
1 Ei
Öl
1 bis 2 Stiele frischer oder 1/2 TL getrockneter Majoran
1 Zwiebel
500 g Kartoffeln
1 großer Apfel (ca. 200 g)
2 TL Zitronensaft
2 TL Suppenpulver für Gemüsebrühe
Salz
weißer Pfeffer
2 bis 3 TL geriebener Meerrettich (aus dem Glas)

Für ein noch fruchtigeres Aroma ca. 125 ml Wasser durch Apfelsaft ersetzen.

Von Fanny Herz, Betzigau

Speck würfeln, Öl erhitzen, Speck darin knusprig anbraten. Herausnehmen und beiseite stellen. Majoran waschen, Blättchen abzupfen. Zwiebel schälen und fein hacken. Kartoffeln schälen und würfeln. Apfel eventuell schälen, vierteln, entkernen und mit Zitronensaft beträufeln. 3/4 des Apfels würfeln. Zwiebel im Speckfett andünsten. Kartoffeln und Apfelwürfel bis auf 1 EL zugeben. Kurz mit andünsten. Mit 750 ml Wasser ablöschen, aufkochen und mit Brühe einrühren. Etwas Majoran zugeben. Zugedeckt etwa 25 Minuten köcheln. Suppe pürieren, mit Salz, Pfeffer und Meerrettich abschmecken. Rest Apfel in Spalten schneiden und mit den übrigen Apfelwürfeln 1 bis 2 Minuten in der Suppe erhitzen. Mit Speck und Majoran bestreuen.

Kartoffel-Gurken-Suppe

Zutaten:
400 g Kartoffeln
1/2 Salatgurke
1 kleine Zwiebel
1 EL Öl
750 ml Wasser
1 bis 2 EL Suppenpulver für Gemüsebrühe
75 g Crème fraîche
Salz
Pfeffer
75 g Lachsschinken
etwas Petersilie

Kartoffeln schälen und waschen. Gurke gründlich waschen, Zwiebel schälen. Alles in feine Würfel schneiden. Das Öl erhitzen, Zwiebel und Kartoffeln darin goldgelb andünsten. Mit 750 ml Wasser ablöschen und aufkochen. Die Brühe einrühren, alles etwa 15 Minuten garen. Gurke nach 5 Minuten zufügen und mitgaren. Etwas Gemüse aus der Brühe nehmen, restliches Gemüse in der Suppe pürieren. Crème fraîche einrühren. Gemüsewürfel wieder in die Suppe geben. Mit Salz und Pfeffer abschmecken. Anschließend die Suppe mit Schinken und Petersilie bestreuen.

Von Angelika Müller,
Mindelheim

Die Suppe schmeckt auch kalt sehr lecker.

Kartoffel-Lauch-Suppe

Zutaten:
400 g Kartoffeln
2 Stangen Lauch
2 EL Butter
1 l Fleisch- oder Hühnerbrühe
Salz
Pfeffer
150 ml Sahne

Von Monika Kornes, Kammlach
Bild: Anke Wirth

Die Kartoffeln waschen, schälen und in grobe Würfel schneiden. Den Lauch putzen, halbieren, waschen und in dünne Scheiben schneiden (einige davon zur Dekoration zurückbehalten). Die Butter zerlassen, darin das Gemüse ca. 3 Minuten andünsten, mit der Fleisch- oder Hühnerbrühe aufgießen und 20 bis 30 Minuten köcheln lassen, bis die Kartoffeln zerfallen sind. Anschließend die Suppe im Mixer oder mit dem Pürierstab pürieren. Mit Salz und Pfeffer abschmecken. Vor dem Servieren die Sahne einrühren und mit den restlichen Lauchstreifen garnieren.

Kartoffel-Zucchini-Eintopf

Zutaten:
500 g Kartoffeln
1 große Zucchini
500 g gemischtes Hackfleisch
1 Dose passierte Tomaten
2 Paprikaschoten
Tomatenmark
Olivenöl
Salz, Pfeffer
Paprikapulver
Kräuter der Provence
1 EL Suppenpulver

Das Hackfleisch in etwas Olivenöl krümelig anbraten. Die passierten Tomaten, Tomatenmark, Gewürze und Suppenpulver dazugeben, Die Kartoffeln schälen und in mundgerechte Würfel schneiden, zugeben und mitgaren. Dann die in Stücke geschnittenen Paprikaschoten und zum Schluss die in Würfel geschnittene Zucchini zugeben. Mit den Gewürzen nach Bedarf abschmecken. Köcheln lassen, bis die Kartoffeln gar sind. Wer mag, kann noch einen Klecks Sauerrahm unterrühren.

Von Waltraud Böck,
Eppishausen
Bild: Sonja Stegmann

Kartoffeleintopf – Fränkische Art

Zutaten für 4 Personen:
1 kg Salatkartoffeln
2 Zwiebeln
2 rote Paprikaschoten
2 EL Öl
125 ml Wasser
Suppenbrühe
2 EL Essig
4 hart gekochte Eier
4 Gewürzgurken
1 Bund Schnittlauch

Von Sandra Walk, Durach

Kartoffeln schälen, in kleine Würfel schneiden. Zwiebeln in Scheiben, Paprikaschoten in Streifen schneiden. Alles in Öl anbraten. 125 ml Wasser mit Suppenbrühe dazugießen und zum Kochen bringen. 25 Minuten kochen. Essig darübergeben. Die hart gekochten Eier würfeln, mit den in Scheiben geschnittenen Gurken zufügen, mischen und mit gehacktem Schnittlauch bestreuen.

Schmeckt auch gut
mit abgebratener Lyoner Wurst.

Kartoffelgulasch

Zutaten:
3 Zwiebeln
2 EL Kümmel
1 1/2 l Wasser
Paprikapulver, edelsüß
Knoblauch
Pfeffer
8 Kartoffeln
500 g Lyoner (oder rote Würste)

Zwiebeln schälen, in feine Scheiben schneiden und andünsten, Kümmel dazugeben und mit Wasser abgießen. Mit Paprika, Knoblauch, Pfeffer und eventuell Suppengewürz würzen. Kartoffeln schälen und in Würfel schneiden und mitkochen. Zum Schluss Lyoner (oder rote Würste) in Scheiben schneiden und dazugeben, bei Bedarf Soße binden. Wir essen zum Kartoffelgulasch Seelen oder Knauzenwecken. Gulasch geht schnell und schmeckt der ganzen Familie.

Von Andrea Ziesel,
Ochsenhausen

Kartoffelsuppe

Zutaten:
Fett
Mehl
Kartoffelpüree (eventuell vom Vortag)
2 bis 3 Wienerle
Salz
Suppenpulver
Schnittlauch

Aus Fett und Mehl Einbrenne machen, mit Wasser aufgießen. Dann Kartoffelpüree hinzufügen, eventuell mit Mixstab feiner machen. Mit Salz, Suppenpulver und Schnittlauch abschmecken. Zuletzt Wienerle in kleine Scheiben schneiden und dazugeben. Dann servieren.

Von Christine Schorer,
Görisried
Bild: Andrea Wiedemann

Kartoffelsuppe –
Feine Art

Zutaten:
800 g Kartoffeln
1 kleine Stange Lauch
1 EL Rapsöl
30 g Butter
650 ml Brühe
300 g Schlagsahne
Salz
Pfeffer
Schnittlauch oder Petersilie

Von Resi Barnsteiner,
Sulzschneid
Bild: Claudia Kiechle

Die Kartoffeln schälen und in Würfel schneiden. Den Lauch putzen und in Ringe schneiden. Das Öl und die Butter erhitzen und den Lauch darin glasig schwitzen. Die Kartoffeln dazugeben und mit der Brühe ablöschen. 15 bis 20 Minuten kochen, bis die Kartoffeln weich sind. In der Zwischenzeit die Sahne steif schlagen. Mit dem Mixstab die Suppe fein pürieren. Nach der Garzeit die Suppe mit Salz und Pfeffer würzen. Die Sahne unterheben. Die Suppe abschmecken und mit Schnittlauch oder Petersilie garnieren.

Kartoffelsuppe –
mit Balsamico und Parmesan

Zutaten:
500 g Kartoffeln
etwas Butterschmalz
500 ml Gemüsebrühe
Salz, Pfeffer
100 ml Sahne
Parmesan am Stück
etwas Balsamico-Essig

Kartoffeln schälen, in kleine Würfel schneiden und in Butterschmalz kurz anbraten. Mit Gemüsebrühe aufgießen und weich kochen lassen. Mit Salz und Pfeffer würzen, mit dem Mixstab fein pürieren und die Sahne zugeben.
Die Kartoffelsuppe mit grob geraspeltem Parmesan und einigen Tropfen Balsamico-Essig servieren.

Von Brigitte Weixler,
Betzigau

Kartoffelsuppe –
Ungarische Art

Zutaten:
1 Zwiebel
Fett zum Andünsten
500 g rohe Kartoffelwürfel
3 Paprikaschoten (rot, gelb, grün)
1 Knoblauchzehe mit Salz zerdrückt
1 EL Paprikapulver, edelsüß
Brühe zum Aufgießen
Chilipulver oder Rosenpaprika
Petersilie
150 g vorgekochte kleine Nudeln
Salz

Zwiebel in Fett andünsten, Kartoffeln dazugeben und etwa 3 bis 5 Minuten mitdünsten. Die Paprikawürfel hinzugeben und ebenfalls kurz mitdünsten. Zerdrückten Knoblauch dazu und mit dem Paprika (edelsüß) bestäuben. Brühe angießen und zugedeckt leise köcheln lassen, bis die Kartoffeln weich sind. Eventuell noch salzen. Je nach Schärfe mit Chili- oder Rosenpaprikapulver würzen. Gekochte Nudeln in der Suppe erwärmen, mit Petersilie bestreuen und servieren.

Von Monika Möslang,
Kleinweiler

Käse-Lauch-Suppe

Zutaten:
500 g Lauch (2 Stangen)
200 g Sahne-Schmelzkäse
100 g geräucherten Speck
100 g Schlagsahne
250 ml Weißwein
1 l Wasser
4 TL Gemüsebrühe
1 EL Butterschmalz
4 EL Mehl
Salz
bunte Pfefferkörner
1 Bund Petersilie

Lauch waschen und klein schneiden, Speck fein würfeln. Butterschmalz erhitzen, Speck darin auslassen und dann herausnehmen. Lauch im Fett andünsten, mit dem Wein und dem Wasser ablöschen und aufkochen. Brühe einrühren und 5 Minuten köcheln. Sahne und Mehl verrühren und in die Suppe einrühren. Käse unter Rühren in der Suppe schmelzen. Mit Salz und frisch gemahlenem Pfeffer abschmecken. Petersilie waschen und hacken. Speck in der Suppe erwärmen und mit Petersilie bestreuen. Dazu passen bestens frisches Baguette und Weißwein.

Von A. Jeckle,
Mindelheim

Käsecremesuppe –
mit Croûtons

Zutaten:
30 g Butter
1/2 Zwiebel, gewürfelt
2 EL Mehl
1 l Wasser
1 Brühwürfel
1 Eigelb
2 EL Sahne
50 g geriebener Käse
Salz, Pfeffer
2 Toastbrot

Butter und Zwiebel im Topf andünsten, mit Mehl überstäuben und goldgelb dünsten. Mit Wasser aufgießen und den Brühwürfel darin auflösen. Eigelb und Sahne miteinander verrühren und in die Suppe einrühren. Den Käse dazugeben und mit Salz und Pfeffer abschmecken. Das Toastbrot toasten, in kleine Würfel schneiden und zur Suppe reichen.

Von Marlene Schwarz,
Bernbeuren
Bild: Sabine Buchmann

Käseknödel
gebacken

Zutaten:
3 Eier
65 g weiche Butter
100 g fein geriebenen Emmentaler
120 g Semmelbrösel
1 EL Mehl
fein gewiegte Petersilie
Salz
Pfeffer
Muskat
Milch

zum Ausbacken:
Fett
Brühe

Butter und Eier schaumig rühren, danach die restlichen Zutaten unterrühren. Mit Salz, Pfeffer und Muskat abschmecken. Kleine und gleichmäßige Klößchen formen und im heißem Fett backen. Erst kurz vor dem Servieren in die heiße Brühe geben und kurz ziehen lassen.

Von Brigitte Natterer,
Bad Grönenbach

Käsesuppe

Zutaten:
70 g Butter oder Margarine
50 g Mehl
1 l klare Brühe (Instant)
200 g Emmentaler Käse
1 Eigelb
2 EL Schlagsahne
weißer Pfeffer
2 Zwiebeln
2 Scheiben Weißbrot
Petersilie

Fett in einem Topf schmelzen, Mehl bestäuben, anschwitzen lassen. Mit Brühe ablöschen, einmal aufkochen, geriebenen Käse in die Brühe geben, unter Rühren noch einmal zum Kochen bringen. Eigelb mit Sahne verrühren, die Suppe damit legieren. Nicht mehr kochen lassen! Suppe mit Pfeffer abschmecken. Zwiebeln in Ringe schneiden, Brot würfeln. Beides in etwas Fett anrösten und mit fein gehackter Petersilie über die Suppe streuen.

»Wer seine Arbeit fleißig tut,
dem schmeckt jede Suppe gut«

Von Rosmarie Brandmaier,
Hörmatzen-Seeg
Bild: Helga Bitter

Käsesuppe –
Allgäuer Art

Zutaten:
40 g Butter
3 bis 4 EL Mehl
1 l Flüssigkeit
100 g feingeriebenen Emmentaler
1 Eigelb
1 Tasse Rahm
Salz, Pfeffer
Brühe, »Fondor«
Petersilie
geröstete Semmelwürfel

Fett erhitzen. Mehl zugeben, kurz anschwitzen. Langsam aufgießen, mit dem Schneebesen rühren. 5 Minuten kochen lassen, würzen, den feingeriebenen Käse einrühren und abschmecken. Sahne und Eigelb verrühren, Suppe von der Kochstelle nehmen und einrühren. Sofort anrichten! Geröstete Semmelwürfel und Petersilie darübergeben.

Von Susanne Eggel,
Vorderreute-Wertach
Bild: Sabine Buchmann

Käsesuppe –
mit Hackfleisch

Zutaten:
1 1/2 l Gemüsebrühe
500 bis 750 g Hackfleisch
3 Zwiebeln
3 Stangen Lauch
1 EL Margarine
1 Becher Sahneschmelzkäse
1/2 Becher Kräuterschmelzkäse
Salz
Pfeffer

Von Ines Sommer, Hasberg

Die Gemüsebrühe in einem Topf erhitzen. Hackfleisch in einer Pfanne ohne Fett anbraten, in die Brühe geben und 10 Minuten köcheln lassen. Die Zwiebeln schälen und in Ringe schneiden, den Lauch putzen und in Streifen schneiden. Die Margarine erhitzen, die Zwiebelringe sowie die Lauchstreifen darin glasig schwitzen, herausnehmen und in die Brühe geben. Den Schmelzkäse unter Rühren in der Suppe auflösen und 20 Minuten köcheln lassen. Die Suppe mit Salz und Pfeffer kräftig abschmecken.

Kastaniensuppe

Zutaten:
1 l Milch
200 g Kastanien (Maronen), oder getrocknet (Dörrkastanien)
150 g Rundkornreis
30 g Butter
Salz
Muskat

Dörrkastanien über Nacht einweichen. Die Milch mit 500 ml Salzwasser aufkochen, die eingeweichten Kastanien darin weich kochen, pürieren und den Reis beifügen. Die Suppe weiter kochen lassen, bis der Reis gar ist. Eventuell nochmal etwas Flüssigkeit (Milch, Wasser oder Sahne) zugeben bis zur gewünschten Konsistenz. Die Butter beifügen und mit Salz und Muskat abschmecken.

Von Judith Mayer,
Böhen

Knoblauchsuppe –
Böhmische Art

Zutaten:
200 g Kassler
4 Knoblauchzehen
1/2 Stange Lauch
3 große Kartoffeln
1 Zwiebel
1 Brühwürfel
Pfeffer
Salz
Majoran

Das Kassler in kleine Stücke schneiden und in 1 l Wasser mit dem Brühwürfel aufkochen. Inzwischen die klein geschnittene Zwiebel glasig dünsten und zu der Suppe geben. Den Lauch klein schneiden und mit dem durchgepressten Knoblauch zur Suppe geben. Zum Schluss die Kartoffel in 1 cm große Stücke schneiden und ebenfalls zufügen. Das Ganze etwa 30 Minuten kochen, bis die Kartoffeln gar sind. Danach mit Salz, Pfeffer und Majoran abschmecken und nochmal kurz aufkochen. Dazu passt am besten frisches Weißbrot.

Von Margot Lorinser,
Legau

Knödel –
gebacken

Zutaten:
8 Eier
etwas Salz
Schnittlauch
Semmelbrösel
Fett

Eier, Salz, Schnittlauch mit Handrührgerät rühren. Inzwischen Fett heiß machen. Dann in die geschlagene Masse soviel Semmelbrösel einrühren, dass es einen nicht zu festen Teig gibt. Mit einem Esslöffel Knödel formen und im heißen Fett schön braun backen. Nach dem Erkalten in die Fleischsuppe oder Suppenbrühe geben. Eine beliebte Festtagssuppe.

Von Laura Feneberg,
Eggenthal
Bild: Sylvia Weixler

Kohlrabisuppe

Zutaten:
250 g Kohlrabi
30 g Fett
50 g Mehl
1 1/2 l Flüssigkeit
Salz

zum Verbessern:
Rahm oder Milch
Petersilie

Erste Art:
Kohlrabi schälen, fein schneiden oder raffeln, in Fett andünsten, mit Mehl stauben, mit andünsten, auffüllen, salzen, etwa 30 Minuten kochen, nach Belieben durch ein Sieb streichen, mit Milch oder Rahm und gewiegter Petersilie abschmecken.

Zweite Art:
Helle Einbrenne herstellen, vorbereitetes Gemüse gut darin andünsten, auffüllen, etwa 30 Minuten kochen, abschmecken, fein gewiegte Petersilie zugeben.

Von Annemarie Weixler, Durach
Bild unten: Lucia Hörmann,
Bild oben: Elisabeth Springer

Kohlsuppe

Zutaten:
1 Kopf Weißkohl (etwa 600 g)
1 mittelgroße Zwiebel
2 EL Sonnenblumenöl
2 EL Sahne
2 vorwiegend festkochende Kartoffeln
100 g Mais (Dose)
1 Flasche stilles Wasser (1 1/2 l)
Gemüsebrühe-Extrakt (nach Geschmack)
Salz
Pfeffer aus der Mühle
gemahlener Kümmel
4 EL gehackte Petersilie

Den Kohl vierteln, die äußeren welken Blätter und den Strunk entfernen. Die Kohlviertel waschen und fein schneiden oder hobeln. Kartoffeln schälen, waschen und klein würfeln . Die Zwiebel schälen und fein zerkleinern. In einem Topf 2 EL Öl erhitzen und die Zwiebel darin bei schwacher Hitze glasig braten. Die Kohlstreifen mit den Kartoffeln zugeben. Das Tafelwasser zugießen und aufkochen. Mit Gemüsebrühe-Extrakt, Salz, Pfeffer und Kümmel würzen und zugedeckt bei schwacher Hitze etwa 20 Minuten garen, bis der Kohl und die Kartoffeln weich sind. Kurz vor Ende den Mais zugeben. Die Sahne untermischen, Suppe auf Teller verteilen und mit Petersilie bestreuen.

Von Alexandra Vachal, Mindelheim

Konfettisuppe

Zutaten:
250 g gekochtes Wammerl
200 g gemischtes Hackfleisch
1 EL Öl
1/2 Zwiebel
1 Karotte
1 Stange Lauch
750 ml bis 1 l Brühe
1 mittlere Dose Mais
1 mittlere Dose Erbsen
1 Ei
3/4 Becher Sahne
Kräuter

Wammerl in kleine Würfel schneiden, Zwiebel und Karotte ebenfalls würfeln. Lauch schlitzen, waschen und in feine Streifen schneiden. Brühe und Kräuter vorbereiten. Wammerl in heißem Fett bei mittlerer Hitze anbraten. Hackfleisch zugeben und mit Salz und Pfeffer würzen. Bei stärkerer Hitze bräunen. Karotte und Lauch zugeben, umrühren und mit der Brühe aufgießen. 20 Minuten kochen lassen. Mais und Erbsen abgießen, zugeben und bei niedrigster Temperatur warm werden lassen. Ei mit Sahne verrühren, zugeben, aufkochen lassen und mit Kräutern servieren.

Die Zubereitung geht einfach und schnell und die Suppe ist sättigend.

Von Rosmarie Brugger, Sulzschneid

Kraut-Hackfleisch-Eintopf

Zutaten:
750 g Weißkraut
500 g Hackfleisch
2 Zwiebeln
Salz
Pfeffer
Kümmel
250 ml Brühe
500 g Kartoffeln

Zwiebeln würfeln, Weißkraut fein hobeln, Zwiebeln andünsten, Hackfleisch zugeben und gut anbraten. Weißkraut zugeben, würzen und mit Brühe aufgießen. Bei geringer Hitze garen. Inzwischen Kartoffeln schälen und würfeln, zugeben. Schließlich 40 bis 50 Minuten garen. Nochmals abschmecken.

Von Barbara Kößler,
Untrasried

Kräuter-Käse-Fladen
in Brühe

Die Eier mit dem Mehl in einer Schüssel verrühren. Den Parmesan, Emmentaler, etwas Salz und Muskatnuss zufügen. Nach und nach kaltes Wasser unterrühren, bis sich ein leicht fließender Fladenteig ergibt. In einem Topf wird Wasser mit etwas Zitronensaft zum Kochen gebracht. Den gesäuberten Endiviensalat darin kurz blanchieren, anschließend abschrecken und abtropfen lassen. Kräuter und Zwiebeln fein hacken, mit Öl in einer Pfanne andünsten. Den blanchierten Salat in feine Streifen schneiden, anschließend zusammen mit den Kräutern und Zwiebeln in der Pfanne garen. Mit dem restlichen Zitronensaft, nach Geschmack auch Zucker und Pfeffer würzen. Die gebratenen Salatstreifen und Kräuter zum Teig zugeben und vorsichtig unterheben. Aus dem Teig werden nun in einer Pfanne mit Olivenöl dünne Fladen ausgebacken und eingerollt. Sobald sie etwas ausgekühlt sind, können sie in Streifen geschnitten werden, auf Teller verteilt und mit Brühe übergossen werden.

Zutaten:
1 kleinen Kopf Endiviensalat
1 Bund frische Kräuter
Saft von 1/2 Zitrone
4 Eier
100 g Mehl
etwas Muskatnuss
100g geriebener Emmentaler
1 EL geriebener Parmesan
1 kleine Zwiebel
Suppenbrühe nach Geschmack

Von Stefanie Fichtl,
Rückholz

Kräuter-Rahmsuppe
mit Hackfleischklößchen

Zutaten:
100 g Hackfleisch
weißer Pfeffer
Salz
1 EL Paniermehl
1 Zwiebel
Butter
2 EL Mehl
150 g Schlagsahne
600 ml Wasser
2 TL Gemüsebrühe
1 großer Bund Basilikum

Statt Basilikum:
Suppe aus 1 Töpfchen Kerbel und je 1/2 Bund Schnittlauch und Petersilie kochen oder Kräuter nach eigener Wahl nehmen. Wenn es schneller gehen soll, Croûtons in die Suppe geben.

Hackfleisch mit Pfeffer und Salz würzen. Mit dem Paniermehl verkneten. Dann kirschgroße Klößchen formen. Fett in einem Topf erhitzen. Klößchen darin rundherum ca. 5 Minuten braten und herausnehmen.
Für die Suppe Zwiebel schälen, würfeln und in Butter andünsten. Mehl zufügen und anschwitzen. Wasser und Sahne einrühren und 3 Minuten köcheln lassen. Basilikum waschen, fein schneiden und in die Suppe geben. Nach Belieben pürieren. Mit Pfeffer und etwas Salz abschmecken. Hackfleischklößchen in der Suppe erhitzen.

Von Ines Sommer,
Hasberg

Kräutercremesuppe

Zutaten:
4 Bund gemischte Kräuter (Petersilie, Schnittlauch, Brunnenkresse, Minze, Salbei)
1 Zwiebel
1 Knoblauchzehe
1 Petersilienwurzel
2 EL Öl
500 ml Gemüsebrühe
250 g Crème fraîche
Salz, Pfeffer

Von Ulrike Finkenzeller, Durach (Bild) und von Claudia Ettensperger, Oy-Petersthal

Kräuter waschen, trocken schütteln, einige Blätter abzupfen, etwas Schnittlauch in Röllchen schneiden. Restliche Kräuter fein hacken. Zwiebel und Knoblauch pellen, fein würfeln. Petersilienwurzel schälen, klein schneiden. Öl erhitzen, Zwiebel, Knoblauch und Petersilienwurzel andünsten. Mit Brühe ablöschen, gehackte Kräuter zugeben und zugedeckt 10 Minuten köcheln. Suppe pürieren, durch ein Sieb geben. Crème fraîche zugeben und aufkochen. Mit Salz und Pfeffer abschmecken. Die beiseite gestellten Kräuterblätter unter die Suppe rühren und servieren.

Kürbiscremesuppe

Zutaten:
1 Kürbis (Hokkaido oder Babybear)
2 EL Rapsöl
1 Knoblauchzehe
1/2 Zwiebel
750 ml Gemüsebrühe
250 ml Milch
etwas Schlagsahne

Von Daniela Glaser, Mietingen (Bild links) und von Rosalie Ruf-Starkmann, Marktoberdorf (Bild rechts)

Den Kürbis durchschneiden und von den Kernen und inneren Fasern befreien. Danach mit einem Sparschäler oder Messer die äußere Haut entfernen und die Kürbishälften in kleine Stücke schneiden. Zwiebeln und Knochlauch klein hacken, in 2 EL Öl glasig dünsten, die Kürbisstücke dazugeben, ebenfalls andünsten, dann mit Gemüsebrühe und Milch auffüllen und gar kochen. Wenn der Kürbis weich ist, den Topf vom Herd nehmen und die Suppe mit dem Pürierstab fein pürieren.
Kurz vor dem Servieren etwas geschlagene Sahne zur Suppe geben und Streifen ziehen.

Diese Kürbiscremesuppe ist Basis für viele Abwandlungsmöglichkeiten: 1 bis 2 Karotten raspeln und mitkochen, 2 bis 3 Kartoffeln in kleine Stücke schneiden und mitkochen, Brotwürfel rösten und kurz vor dem Verzehr auf die Suppe geben.
Zum Verfeinern eignen sich statt Sahne auch Sauerrahm oder Kräuterfrischkäse.
Zur Erntezeit die rohen, klein geschnittenen Kürbiswürfel im Mixer zerkleinern, Knoblauch zugeben und portionsweise einfrieren. Bei Bedarf dann mit Fleischbrühe aufkochen und eventuell Sahne zugeben – fertig.

Kürbiscremesuppe –

mit Kräutern

Zutaten:
1 kg Kürbis
ca. 60 g Butter
1 l Hühnerbrühe
Salz
frische Petersilie oder
frischer Schnittlauch
frisch gemahlener
schwarzer Pfeffer
1 gehackte Zwiebel
1 bis 2 gehackte
Knoblauchzehen
1 bis 2 TL Kurkuma
eventuell süße Sahne

Von Gisela Sgier,
Leutkirch

Kürbis schälen, grob würfeln, Butter in einem Topf zerlassen, Zwiebel und Knoblauchzehen darin andünsten. Kürbis zugeben und etwas andünsten. Brühe dazugeben und so lange köcheln lassen, bis der Kürbis gar ist, Suppe pürieren. Mit Salz und Pfeffer abschmecken, frische Kräuter unterziehen.
Wer mag, Suppe mit
Sahne verfeinern.

Kürbiscremesuppe –
Pikante Art

Zutaten:
1 Zwiebel
1 kg Kürbisstücke
1 Apfel
1 l Fleischbrühe
1 EL Balsamicoessig
4 EL Sahne
Salz
Pfeffer
Curry
Petersilie

Zwiebel klein schneiden, in Fett andünsten, Kürbisstücke und klein geschnittene Äpfel dazugeben und mitdünsten. Danach mit Fleischbrühe aufgießen, gar kochen, pürieren. Mit Balsamicoessig, Salz, Pfeffer und Curry gut würzen. Zuletzt mit Sahne verfeinern und mit gehackter Petersilie servieren. Guten Appetit!

Von Petra Holzmann,
Stötten-Steinbach

Kürbiseintopf

Zutaten:
500 g Kürbisfleisch
500 g Kartoffeln
150 g Speckwürfel
2 Zwiebeln
2 EL Speiseöl
3 Lauchstangen
500 ml Fleischbrühe
Salz
Pfeffer
2 EL Crème fraîche
2 EL Weißweinessig
1 TL Zucker
200 g Fleischwurst
1 EL gehackte Petersilie

Kürbis und Kartoffeln schälen und in kleine Würfel schneiden. Zwiebeln schälen und fein hacken. Mit dem Speck andünsten. Lauch in Ringe schneiden, mit dem Kürbis und den Kartoffeln zum Speck geben. Fleischbrühe angießen. Alles 30 Minuten köcheln lassen. Mit Salz, Zucker, Pfeffer, Essig und Crème fraîche abschmecken. Wurst klein schneiden und zufügen. Eintopf kurz aufkochen lassen und mit Petersilie bestreuen.

Von Manuela Merz,
Ruderatshofen

Kürbisrahmsuppe

Zutaten:
250 g Kartoffeln
1 l Gemüsebrühe
700 g Kürbis
1 Stange Lauch
20 g Margarine oder Butter
125 g Schlagsahne
1 Bund Petersilie
Saft einer Zitrone
Salz
Pfeffer

Kartoffeln waschen, schälen und würfeln und in der Gemüsebrühe etwa 15 Minuten ankochen. Kürbis zerteilen, entkernen und schälen. Fruchtfleisch ebenfalls würfeln und mit dem gewaschenen und in feine Streifen geschnittenen Lauch in heißem Fett kurz andünsten. Zu den Kartoffeln geben und gemeinsam nochmals weitere 15 Minuten kochen. Danach die Sahne unterrühren und alles fein pürieren. Würzen und pikant abschmecken.

Von Silvia Jörg,
Waltenhofen

Kürbissuppe –

mit Ingwer

Zutaten:
1 Kürbis
1 große Karotte
2 Kartoffeln
1 Zwiebel
Salz
Pfeffer
Gemüsebrühe
Nelken
gemahlener Ingwer
Sahne
Petersilie

Deckel abschneiden. Das Kerninnere entfernen, danach das Fleisch mit einem Eislöffel ausschaben. Zwiebel und Karotte klein schneiden und im Fett andünsten. Dann den Kürbis und die Kartoffeln klein schneiden und dazugeben. Mit Wasser auffüllen, bis das Gemüse bedeckt ist. Etwa 30 Minuten weich kochen. Mit Gemüsebrühe, Salz, Pfeffer, Muskat, Nelken und Ingwer abschmecken und danach mit dem Pürierstab mixen. Mit einem Klecks Sahne und Petersilie servieren.

Von Sandra Frank,
Kempten

Kürbissuppe –
mit Wienerle

Zutaten:
500 g Kürbis, in Würfel geschnitten
500 g Kartoffeln, in Würfel geschnitten
1 Stange Lauch
500 ml Milch
1 Becher süße oder saure Sahne
1 EL Suppenwürze
Petersilie
Salz
Pfeffer
Curry
Wienerle oder Lyoner

Lauch andünsten, Kürbis- und Kartoffelwürfel dazugeben, mit der Milch aufgießen. Mit Suppenwürze je nach Geschmack würzen. Alles im Schnellkochtopf etwa 20 Minuten kochen. Anschließend pürieren. Mit Sahne, Kräutern und Gewürzen abschmecken und die Suppe glatt rühren. Zum Schluss die geschnittene Wurst dazugeben und alles nochmal erwärmen, nicht kochen.

Von Anni Kornes,
Ronsberg

Lachscremesuppe

Zutaten:
500 g mehlig kochende Kartoffeln
2 EL Butter
750 ml Hühnerbrühe
1/2 Blumenkohl
125 g Schlagsahne
Salz, Pfeffer
Muskat
125 g geräucherter Lachs
1/2 Bund Dill

Kartoffeln schälen, waschen und grob würfeln. In heißem Fett andünsten. Mit Brühe ablöschen. Zugedeckt ca. 25 Minuten kochen. Blumenkohl putzen, waschen, in Röschen teilen. Nach ca. 10 Minuten zu den Kartoffeln geben. Einige Röschen warm stellen. Suppe pürieren. Sahne zufügen, kurz aufkochen lassen und würzen. Lachs in Streifen schneiden. Dill waschen, abzupfen. Suppe mit Blumenkohl, Lachs und Dill anrichten.

Von Veronika Rudhart,
Leutkirch
Bild: Brigitte Weixler

Lammtopf –
Rustikale Art

Von Sylvia Weixler,
Durach

Das Fleisch abspülen, trockentupfen und würfeln. Zwiebeln und Knoblauch schälen und fein hacken. Butterschmalz in einen Topf geben, erhitzen und das Lammfleisch darin portionsweise anbraten. Zwiebeln und Knoblauch zugeben und mitdünsten. Die Gewürze einstreuen, kurz anschwitzen lassen und dann mit

Zutaten:
750 g Lammschulter
2 Zwiebeln
2 Knoblauchzehen
3 EL Butterschmalz
1 EL Currypulver
Salz
Pfeffer
1 TL Paprikapulver
750 ml Brühe
250 g Kartoffeln
500 g geschälte Tomaten aus der Dose
1 Bund Frühlingszwiebeln
250 g Kirschtomaten

Brühe ablöschen. Das Ganze etwa 40 Minuten köcheln lassen. Kartoffeln schälen, würfeln und zusammen mit den Tomaten dazugeben. Nochmals 20 Minuten garen. Frühlingszwiebeln putzen, waschen, in Ringe schneiden und kurz vor dem Ende der Garzeit unterheben. Die Kirschtomaten enthäuten und hinzufügen. Den Lammtopf nochmals mit Salz und Pfeffer abschmecken. Das Ganze kann noch mit einem Schuss Sahne verfeinert werden.

Laucheintopf

Zutaten:
750 g bis 1 kg Lauch
Fett
750 g rohe Kartoffeln
Salz
Paprikapulver
500 ml Brühe
375 g gekochtes Ripperl
Petersilie

Geschälte Kartoffeln und geputzten, gewaschenen Lauch in dicke Scheiben schneiden, Lauch in Fett andünsten, mit Kartoffeln lagenweise einschichten und würzen, heiße Brühe zugießen, zugedeckt gar dünsten. Garzeit etwa 30 bis 45 Minuten. In den letzten 20 Minuten portionierte Ripperlstücke obenauf legen. Gericht vor dem Anrichten abschmecken, mit Petersilie anrichten.

Von Daniela Hillenbrand,
Böhen

Lauchsuppe

Zutaten:
1 Würfel Fett
2 Stangen Lauch
2 EL Mehl
1 l Flüssigkeit
1 Tasse Milch
1 Ecke Schmelzkäse
Salz
Muskat
Brühwürfel

Fett erhitzen. Lauch waschen, in feine Streifen schneiden, in Fett andünsten. Mit dem Mehl bestäuben und mit 1 l Flüssigkeit aufgießen. Einmal aufkochen lassen. Dann die Milch zugeben (das nimmt die Schärfe des Lauchs) und jetzt nach Belieben würzen.
Suppe auf dem Teller servieren und mit einem Häubchen Sahne garnieren.

Von Josefa Egg,
Salgen-Hausen
Bild: Andrea Wiedemann

Lauchsuppe –
cremig

Zutaten:
500 g Lauch
1 Zwiebel
1 EL Öl
1 EL Mehl
750 ml Gemüsebrühe
100 g Doppelrahmfrischkäse mit Kräutern
Salz
frisch gemahlener Pfeffer
gemahlenes Muskat
2 EL gehackte Nüsse (Walnüsse, Mandeln oder Haselnüsse)

Die Lauchstangen aufschlitzen und sehr gut unter fließendem Wasser ausspülen. In feine Streifen schneiden und nochmals kurz überbrausen, abtropfen lassen. Die Zwiebel schälen, fein würfeln und im Öl glasig dünsten. Den vorbereiteten Lauch zugeben, mit der Zwiebel mischen, wenden und mit dem Mehl bestäuben. Noch einige Male wenden. Die heiße Brühe über den Lauch geben, dabei umrühren und aufkochen lassen. Der Lauch soll noch knackig bleiben, deshalb nur kurz kochen. Etwas von der heißen Suppe abnehmen und mit den Frischkäse gut verrühren. Diese Mischung zur Suppe geben, erhitzen, aber nicht mehr kochen lassen. Mit Salz, Pfeffer und wenig Muskat abschmecken. Die Suppe mit den gehackten Nüssen servieren. Nüsse im Teller über die Suppe streuen.

Von Martha Hänsler,
Lachen

Lauchsuppe –
Elsässer Art

Zutaten
für 6 bis 8 Personen:
250 g Lauch
50 g Fett
1 TL Mehl
500 ml Milch
1 l Knochenbouillon
oder Würfelbrühe
100 g geriebener Käse
(beispielsweise Edamer)
Salz, Pfeffer, Muskat

Von Martina Beurer,
Altenstadt-Untereichen
Bild: Sylvia Weixler

Den Lauch in feine Ringe schneiden, gut waschen. Fett in einem Topf erhitzen und die Lauchringe darin einige Minuten dünsten. Dann mit Mehl bestäuben und mit kalter Milch ablöschen. Jetzt wird erst die Brühe hinzugefügt und ca. 15 Minuten leise kochen lassen. Die Suppe wird mit geriebenem Käse gebunden und abgeschmeckt.

Lauchsuppe –
mit Hackfleisch

Zutaten:
600 g Hackfleisch
1 Zwiebel
450 g Lauch
1 1/2 l Fleischsuppe
1 Becher Crème fraîche
Knoblauch
200 g Kräuter-Frischkäse
200 g Sahne-Käse

Hackfleisch mit Zwiebeln anbraten, fein geschnittenen Lauch dazugeben und mit Fleischsuppe aufgießen. Frischkäse und Crème fraîche dazugeben und 20 Minuten leicht köcheln lassen.

Von Roswitha Buchenberg, Rottach
Bild: Lucia Hörmann

Leberknödelsuppe

Zutaten:
Brühe nach Wahl
150 g Leber
1 Semmel (alt)
1 klein geschnittene
Zwiebel
1 Ei
1 EL Fett
1 EL Semmelbrösel
Salz
Muskat
Majoran
etwas Knoblauch
gehackte Petersilie

Nach Geschmack Fleisch-Knochen-Gemüse- oder Würfelbrühe zubereiten. Die durch den Fleischwolf gedrehte Leber mit der eingeweichten und gut ausgedrückten Semmel und mit allen anderen Zutaten gut vermengen. 1 TL jeweils in die heiße Brühe tauchen.

Von A. Harscher,
Bad Wurzach (Bild unten)
Bild oben: Maria Anna
Weixler-Schürger

Leberspätzlesuppe

Zutaten:
200 g gemahlene Rinderleber
40 g Butter
40 g Semmelbrösel
1 Ei
etwas Zitronenschale
Salz
1 fein geschnittene Zwiebel
Petersiliengrün
Majoran
250 bis 500 ml Brühe
Schnittlauch

Butter schaumig rühren, abwechselnd Semmelbrösel, Ei und Salz unterrühren. Zwiebel, Petersilie, Majoran, Leber und Zitronenschale zugeben. Gut abschmecken. Teig ca. 30 Minuten kalt stellen. In abgeschmeckte, kochende Brühe Teig durch den Spätzlehobel drücken. Gegebenenfalls Mehl oder Semmelbrösel dazugeben. Spätzle 5 bis 10 Minuten ziehen lassen, Suppe nach Belieben mit Schnittlauch abschmecken.

Von Alexandra Kobold,
Geisenried

Linseneintopf

Zutaten:
350 g Linsen
400 g Kartoffeln
Petersilie
2 Karotten
1 große Zwiebel
100 g durchwachsener Speck
Essig und Zucker zum Würzen
1/2 TL Salz
pro Person 1 bis 2 Wienerle

Diesen Eintopf mögen auch meine Kinder sehr gerne.

Die Linse am Tag vorher waschen und über Nacht in ungefähr 1 l Wasser einweichen. Die Zwiebel schälen und würfeln, die Karotten putzen und in Scheiben schneiden. Den Speck würfeln und die Linsen mit dem Speck im Einweichwasser etwa 1 1/2 Stunden langsam kochen lassen. Die klein geschnittenen Kartoffeln und Karotten zugeben und nochmals 15 Minuten garen lassen. Die Zwiebelwürfel in dem Fett bräunen. Eintopf mit dem Essig, Zucker und Salz würzen und mit Petersilie bestreuen. Die Zwiebelwürfel auf den Eintopf geben. Wienerle warm machen und dazu servieren.

Von Ingeborg Gromer, Wiggensbach

Linsensuppe

Zutaten:
200 g rote Linsen
3 Kartoffeln
1 Karotte
1/2 Stange Lauch
200 g Speck
Salz
Pfeffer

Linsen kalt abbrausen, Gemüse und Speck würfeln. Speck in Butterschmalz anbraten, Gemüse und Linsen zufügen, kurz mit anbraten. Mit Gemüsebrühe aufgießen. 10 Minuten im Schnellkochtopf kochen, anschließend mit Salz und Pfeffer abschmecken.

Von Ulrike Finkenzeller,
Durach

Linsensuppe –
Bunte Art

Zutaten:
250 g rote Linsen
750 ml Brühe
75 g geräucherten Speck
2 EL Butter
250 g Kartoffeln (mehlig kochend)
3 Frühlingszwiebeln
1 gelbe Paprikaschote
1 roter Apfel
150 g Frischkäse mit Kräutern der Provence
Salz
Pfeffer aus der Mühle
Paprikapulver
Schnittlauch

Linsen nach Packungsanweisung eventuell über Nacht in Brühe quellen lassen. Den in Würfel geschnittenen Speck mit der Butter in einem Topf auslassen. Die Kartoffeln schälen, in Würfel schneiden, zum Speck geben und kurz mitschwitzen. Frühlingszwiebeln und Paprika putzen, klein schneiden und ebenfalls kurz mitschwitzen. Den Apfel entkernen, in Würfel schneiden, zum Gemüse geben und mit der Brühe auffüllen. Die Linsensuppe bei mäßiger Hitze etwa 15 bis 20 Minuten köcheln lassen. Kurz vor Garende den Frischkäse in die Suppe einrühren. Das Ganze mit Salz, Pfeffer und Paprikapulver kräftig abschmecken.

Von Andrea Brey,
Böhen

Maissuppe –
Brasilianische Art

Zutaten:
300 g Schweine- oder Putenfleisch
1 Zwiebel
2 Dosen Tomatenmark (insgesamt 140 g)
2 grüne Paprikaschoten
200 g Schmelzkäse
1 Dose Mais
1 Becher Sahne (200 ml)
1 Knoblauchzehe
750 ml Wasser
Tabasco, Salz und Pfeffer

Das Fleisch in kleine Würfel schneiden und scharf anbraten. Gewürfelte Zwiebel und Knoblauch zugeben und andünsten. Mit Wasser aufgießen. Dann Tomatenmark und in Streifen geschnittene Paprika zugeben. Alles rund 20 Minuten kochen lassen.
Am Schluss Schmelzkäse, Mais und Sahne zugeben; mit Tabasco, Salz und Pfeffer abschmecken.

Dazu schmeckt am besten frisches Stangenweißbrot.

Von Markus Schuster, Durach

Maistopf –
Deftige Art

Zutaten für 5 Personen:
pro Person 1 Debreziner
4 EL Öl
400 g Zwiebeln
500 g passierte Tomaten (Dose)
500 g Kartoffeln (klein gewürfelt)
350 g Karotten (klein gewürfelt)
Instantbrühe
schwarzer Pfeffer
Salz
2 Dosen Mais
2 bis 3 EL Rotweinessig
1 TL Zucker

Die Debreziner werden klein geschnitten und in Öl angebraten, Zwiebeln in dünne Scheiben gehobelt dazugeben, Tomaten darunter mischen, salzen und zugedeckt schmoren lassen. Die gewürfelten Karotten und Kartoffeln zufügen und mit Brühe aufgießen (je nach gewünschter Konsistenz). Mit Pfeffer übermahlen und alles zusammen ca. 30 bis 40 Minuten köcheln lassen. Den Mais zum Schluss dazugeben und 5 Minuten erhitzen. Die Suppe mit Oregano, Salz, Pfeffer und eventuell Essig abschmecken.

Die Suppe lässt sich gut vorbereiten. Ich habe sie für 20 Personen zum 40. Geburtstag meiner Schwiegertochter gekocht und allen hat es geschmeckt.

Von Theresia Brutscher, Dietmannsried
Bild: Dagmar Müller

Maultaschensuppe
mit geräuchertem Fleisch

Zutaten:
Teig:
250 g Mehl
2 Eier
Salz
4 bis 5 EL Wasser

Füllung:
500 g gekochtes Geräuchertes
1 gewürfelte Semmel
fein geschnittene Zwiebelröhrle (Schnattern)
Salz
Pfeffer

zum Zusammenkleben:
1 Eiweiß

Zunächst wird ein Nudelteig aus Mehl, Eiern, Salz und Wasser hergestellt, tüchtig geknetet und sofort auf bemehltem Brett ausgewalgt. Man schneidet Quadrate von 12 x 12 cm. Nun fertigt man die Füllung, bestehend aus dem gewürfelten Geräucherten, den gerösteten Semmelwürfeln sowie den Zwiebelröhrle und würzt diese Mischung dann nach Belieben mit Salz und Pfeffer. Auf jedes Teigstück gibt man 1 gehäuften EL Füllung, bestreicht die Teigränder dann mit Eiweiß und faltet den Teig über Eck, sodass ein gefülltes Dreieck entsteht. Die Ränder, mit dem Finger zusammengepresst, kleben sofort zusammen. Dann gibt man die Maultaschen in leicht kochendes Salzwasser, lässt sie dort 5 Minuten ziehen, wobei man sie einmal wendet. Vorsichtig herausnehmen, da sie sonst leicht brechen. Dann sofort zum Servieren in die heiße Fleischsuppe geben.

Von Claudia Endres,
Bad Grönenbach

Maultaschensuppe

mit Hackfleischfüllung

Hackfleisch mit Salz bestreuen, mit der Hand gut durchkneten, Zwiebel und Petersilie in heißer Butter andünsten, abkühlen lassen, zum Fleisch geben. Alle übrigen Zutaten dazugeben, zu einem geschmeidigen Teig verarbeiten. Mehl in eine Schüssel geben und mit den Eiern verrühren (wird der Teig mit dem Nudelholz ausgerollt, dann kann noch etwas Salz hinzugefügt werden). Je nach Eiergröße Wasser zugeben und zu einem festen Teig zusammenkneten. Mit dem

Von Ulrike Motz,
Kißlegg

Zutaten:
Fleischteig:
500 g gemischtes Hackfleisch
1 TL Salz
1 gehackte Zwiebel
gehackte Petersilie
20 g Butter
1 zerdrückte Knoblauchzehe
1/2 TL Pfeffer
je 1 Prise Muskat und Majoran
abgeriebene Zitronenschale
1 Ei
1 trockene Semmel in Wasser eingeweicht und ausgedrückt

Nudelteig:
400 g Mehl
3 Eier
Wasser
Salz
Eiweiß
Fleischbrühe

Nudelholz bzw. der Nudelmaschine dünn ausrollen. Fleischteig in kleinen Portionen auf der Hälfte des Nudelteigs verteilen. Mit einem Pinsel etwas Eiweiß um die Fleischteigportionen streichen. Die zweite Hälfte des Nudelteigs darüberlegen und fest in den Zwischenräumen der Portionen andrücken. Mit einem Messer oder Rädler Vierecke ausschneiden. Maultaschen in einen Topf mit heißem Salzwasser einlegen und gar kochen. Die fertigen Maultaschen mit einem Schaumlöffel aus dem Wasser herausholen und in die heiße Fleischbrühe einlegen.

Maultaschensuppe
mit Spinatfüllung

Zutaten:
Teig:
500 g Mehl
4 Eier
etwas Wasser
Füllung:
1 Päckchen Spinat (450 g)
8 Semmeln, geschnitten
250 g Hartwurst
200 g Katenbauch
1 große Zwiebel
1 Stange Lauch
1 Handvoll Petersilie
Salz
Pfeffer

Ergibt etwa 50 Maultaschen. Kann man gut einfrieren oder auch abrösten oder mit Zwiebel abschmelzen.

Von Luise Rommel, Bad Grönenbach

Mit dem Mehl und den Eiern einen Nudelteig herstellen (ohne Salz für die Nudelmaschine). Spinat auftauen, geschnittene Semmel mit der klein geschnittenen Hartwurst und dem Katenbauch vermischen. Zwiebel, Lauch und Petersilie in Öl andünsten, dazugeben und die Füllung würzen und abschmecken. Den Nudelteig dünn auswellen oder durch die Nudelmaschine geben, dann mit der Form (siehe Bild) ausstechen und die Füllung darauf geben. Zusammenklappen und im kochenden Wasser 5 Minuten leise kochen, danach mit dem Schaumlöffel auf ein Abtropfgitter geben. Die letzten Maultaschen serviere ich in dieser Brühe.

Merziger Viezsuppe

Zutaten:
5 Zwiebeln
1 Knoblauchzehe
1 Stück Ingwer
1 Petersilienwurzel
2 Äpfel
200 ml Apfelsaft
1 l Brühe
100 ml Sahne
Salz
Pfeffer
Muskat

Als deftige Einlage gebratenen Speck oder Kassler in die Suppe geben.

Zwiebeln schälen und grob würfeln, andünsten. Die Knoblauchzehe und den Ingwer fein hacken, die Petersilienwurzel und die Äpfel schälen, entkernen und in Würfel schneiden. Das Gemüse und die Äpfel mitdünsten. Mit Apfelsaft und Brühe aufgießen. Zugedeckt weich kochen. Pürieren und mit Pfeffer, Salz und Muskat sowie der Sahne abschmecken.

Von Claudia Möslang,
Kleinweiler

Minestrone

Die äußeren welken Weißkohlblätter entfernen, Kohl vierteln und den Strunk herausschneiden. Die Viertel waschen und in knapp fingerbreite Streifen schneiden. Spitzkohl putzen und waschen. Von der Spitze beginnend ebenfalls knapp fingerbreit in Streifen schneiden und diese grob zerkleinern. Nur dicke Rippenstücke und den Strunk entfernen. Die Kartoffeln schälen, waschen und würfeln. Die Zwiebel und den Knoblauch schälen, fein zerkleinern und im heißen Öl glasig braten. Kohl und Kartoffeln zugeben und

Von Alexandra Vachal, Mindelheim

Zutaten:
1 Weißkohl oder Spitzkohl (etwa 1 kg)
3 mittelgroße, festkochende Kartoffeln
1 große Zwiebel
2 Knoblauchzehen
3 EL Olivenöl
500 g Tomaten
Reis
1 Flasche stilles Wasser (1 1/2 l)
Gemüsebrühe-Extrakt nach Geschmack
Salz
Pfeffer aus der Mühle
Kräuter
50 g Parmesan

Den Reis kann man auch durch Nudeln ersetzen.

alles unter Rühren etwa 1 Minute schmoren. Eine Flasche Tafelwasser zugießen und aufkochen. Zugedeckt bei schwacher Hitze etwa 10 Minuten garen, bis der Kohl weich ist. Die Tomaten mit kochendem Wasser übergießen, abziehen, würfeln und dabei Stielansätze entfernen. Zur Suppe geben und etwa 2 Minuten kochen lassen. Mit Gemüsebrühe-Extrakt, Salz und Pfeffer würzen. Den Reis in Suppenteller geben, Suppenportionen darauf verteilen und mit jeweils 1 EL frisch geriebenem Parmesan und Kräutern bestreuen.

Mitternachtssuppe

Zutaten:
100 g fein gewürfelten Schinkenspeck
1 gewürfelte Zwiebel
1 fein gehackte Knoblauchzehe
300 g gemischtes Hackfleisch
250 g mildes Sauerkraut, etwas zerkleinert
500 g passierte Tomaten
400 ml Gemüsebrühe
2 gewürfelte Essiggurken
1 TL Paprikapulver, edelsüß
1/2 TL Kümmel
etwas Salz
Pfeffer
etwas Zucker
1/2 Becher Sauerrahm oder Crème fraîche
Schnittlauchröllchen

Zwiebel, Knoblauch und Hackfleisch mit dem Schinkenspeck in einem Topf anbraten. Sauerkraut zugeben und einige Minuten schmoren lassen. Passierte Tomaten beifügen und mit der Gemüsebrühe aufgießen.Gurkenwürfel und Gewürze dazugeben und kurz durchkochen lassen. Kurz vor dem Servieren Sauerrahm einrühren und mit dem Schnittlauch bestreuen.

Dazu passt Kräuter- oder Knoblauchbutterbaguette oder Weißbrot.

Von Karin Reichart, Wildpoldsried

Mostsuppe

Zutaten:
1 bis 2 Knoblauchzehen
1 kleine Zwiebel
Butter
2 Äpfel
500 ml Süßmost
500 ml Gemüsebrühe
100 ml Sahne
100 g Crème fraîche
Salz
Pfeffer
4 EL geschlagene Sahne

Bereitet man die Suppe anstatt Most mit Apfelsaft zu, erhält man eine Apfelsuppe.

Knoblauch, Zwiebeln und Äpfel würfeln und in Butter andünsten. Mit Most und Brühe auffüllen und um die Hälfte einköcheln. Sahne und Crème fraîche einrühren und nochmals etwas einkochen. Abschmecken und mit dem Schlagrahm schaumig mixen. Mit Zimt-Croûtons servieren.

Von Ines Sommer,
Hasberg

Mulligatawny-Suppe

»Dinner for One« – das Originalrezept

Zutaten:
750 ml kräftige Hühnerbrühe
100 ml trockener Riesling
100 ml flüssige Sahne
60 ml Kokosmilch
20 ml Portwein
4 kg Schalotten
30 g geschälte Karotten
50 g das Weiße vom Lauch
30 g Mango
30 g Äpfel
30 g Ananas
60 g Curry
10 g Ingwer
Salz, weißer Pfeffer, etwas Zucker
30 ml Öl

Für die ursprünglich aus Indien stammende Suppe (»Pfefferwasser«) Gemüse in heißem Öl ohne zu bräunen andünsten, Obst und Curry dazugeben und mit Hühnerbrühe auffüllen. Bei schwacher Hitze etwa 15 Minuten leicht köcheln lassen. Weißwein, Portwein, Kokosmilch und Sahne dazugeben und nach einigen Minuten pürieren. Suppe durch ein Sieb streichen, mit Salz und Pfeffer würzen. Die »Mulligatawny«-Suppe anrichten und auf Wunsch mit gerösteten Kokosraspeln garnieren.

Von Rosi Müller, Kempten

Mutschelmehl-Knödelsuppe

Zutaten:
4 Eier
Salz
Muskat
5 gehäufte EL Mutschelmehl
Brühe

Suppe für jeden Tag, da sie sehr schnell geht und einfach herzustellen ist.

Eier, Salz und Muskat mit der Gabel in einer Schüssel verquirlen. Mutschelmehl unterrühren, quellen lassen, Knödel mit dem Esslöffel formen und in kochendes Salzwasser geben. 15 Minuten ziehen lassen. Die fertigen Knödel in vorbereitete Suppenbrühe einlegen.

Von Barbara Rößle, Marktoberdorf

Mutschelmehl-Suppe

Zutaten:
80 g Butterschmalz
80 g Mutschelmehl
1 Ei
1 Suppenwürfel
Salz
»Maggi«
1 l Wasser oder Gemüsebrühe
Schnittlauch

Butterschmalz zerlaufen lassen. Mutschelmehl hinzufügen und unter ständigem Rühren goldgelb anbräunen. Mit kaltem Wasser oder Gemüsebrühe aufgießen, fest rühren, kurz aufkochen. Ei verquirlen und nochmals aufkochen lassen. Wenn die Suppe mit Gemüsebrühe aufgegossen wird, Suppenwürfel reduzieren, abschmecken.

Von Loni Moser,
Fuchstal-Asch

Nussbällchen
in Gemüsebrühe

Zutaten:
Bällchen:
50 g gemahlene Nüsse
oder Sonnenblumenkerne
60 g Mehl
40 g weiche Butter
1 Ei
1 Msp. Backpulver
1/2 TL Salz
1 EL Schnittlauch

Gemüsebrühe:
1 l Gemüsebrühe
1 kleine Stange Lauch
1 mittelgroße Karotte

Die Nüsse kann man zur Hälfte oder ganz durch Sonnenblumenkerne ersetzen.

Nüsse, Mehl, Butter, Ei, Backpulver, Salz und Schnittlauch verkneten. Den Teig ca. 15 Minuten kalt stellen. Mit nassen Händen etwa 20 kleine Klößchen daraus formen. In siedende Suppenbrühe legen. Fein geschnittenen Lauch und geraspelte Karotte zugeben und auf kleiner Flamme 10 Minuten gar ziehen lassen. Noch etwas Schnittlauch vor dem Servieren in die Suppe streuen.

Von Irmgard Hohenegger, Siebnach

Ofensuppe

Zutaten:
1 kg Rindfleisch
500 g Zwiebeln
250 g Champignons
250 g Erbsen
2 rote Paprikaschoten
500 ml Sahne
100 ml Currysoße oder Ketchup

Rindfleisch in Würfel schneiden, würzen und in einen großen Topf geben, Zwiebeln in Ringe schneiden und alles der Reihe nach aufschichten, nicht umrühren. Im Backofen 3 Stunden bei 200 Grad garen. Nach dem Garen alles gut durchrühren und abschmecken.

Die Ofensuppe schmeckt auch süßlich sehr fein (statt Paprikaschoten dann Ananasstücke verwenden). Dazu passen Baguette oder Spätzle sehr gut.

Von Sieglinde Traut,
Leutkirch

Paprikacremesuppe

Zutaten:
1 Zwiebel
3 rote Paprika
50 g Butter
500 ml Gemüsebrühe
Saft einer Orange
150 ml und 100 ml
Schlagsahne
Salz
Pfeffer
Tabasco

Zwiebel abziehen und in Würfel schneiden. Paprika halbieren, entstielen, entkernen, waschen und in Würfel schneiden. Die Zwiebelwürfel in Butter andünsten, Paprikawürfel hinzufügen und etwa 20 Minuten weichdünsten. Mit Brühe ablöschen und aufkochen lassen. Die Suppe mit dem Pürierstab oder im Mixer pürieren. 150 ml Sahne und Orangensaft unterrühren und erhitzen. Mit Salz, Pfeffer und Tabasco würzen. 100 ml Sahne steif schlagen. Die Suppe in Teller füllen und auf jede Portion einen Klecks Sahne geben.

Von Helga Kößler,
Untrasried

Paprikacremesuppe
mit Parmesan

Zutaten:
100 g geriebener Parmesan
1 kleine Zwiebel
1 Knoblauchzehe
750 ml Gemüsebrühe
250 ml Milch
1 rote Paprika
1 grüne Paprika
1 TL Kräutersalz
1/2 TL Paprikapulver
etwas Pfeffer

Von Sabine Buchmann, Durach

Die Zwiebel und den Knoblauch fein schneiden, in Butter andünsten. Die fein geschnittene Paprika zugeben und kurz mitdünsten. Mit Brühe und Milch aufgießen, würzen und ca. 15 Minuten kochen lassen. Zum Schluss den geriebenen Parmesan zugeben und die Suppe fein pürieren. Eventuell mit Sahnemeerrettich und gehackter Petersilie garnieren.

Paprikaeintopf

Zutaten:
500 g gemischte Paprikaschoten (gelb, rot, grün)
1 große Zwiebel
3 Tomaten
500 g Kartoffeln
250 g Karotten
8 Debreziner
Bratensaft-Würfel
Salz
Pfeffer
Paprikapulver, edelsüß
»Fondor«
2 EL Sauerrahm
2 TL Mehl
Bratfett

Die Zwiebel in Fett glasig andünsten. Gemüse und Kartoffeln in Würfel schneiden und zu den Zwiebeln geben, Gewürze zufügen und weichdämpfen. Zum Schluss die in Stücke geschnittenen Debreziner zugeben und kurz mitkochen lassen. Mit Bratensaft-Würfel und dem mit Mehl gebundenen Sauerrahm abschmecken. Dazu reicht man Weißbrot.

Von Marlene Köpf,
Biessenhofen
Bild: Helga Bitter

Petersilie-Rahm-Suppe

Zutaten für 2 Personen:
2 Zwiebeln
6 Karotten
2 Kartoffeln
500 ml Gemüsebrühe
2 Bund Petersilie
4 EL saure Sahne
Salz
Pfeffer

Zwiebeln, 4 Karotten und Kartoffeln grob würfeln und in einem Topf fettfrei anschwitzen. Gemüsebrühe angießen, zugedeckt etwa 20 Minuten garen und die Suppe pürieren. Restliche Karotten in feine Streifen schneiden oder hobeln, in die Suppe geben und weitere 5 Minuten bei milder Hitze garen. Petersilie fein hacken, mit saurer Sahne unterrühren und mit Salz und Pfeffer abgeschmeckt servieren.

Von Maria Merk,
Bernbeuren

Pfifferlingcremesuppe

Zutaten:
250 g Pfifferlinge
100 g Champignons
1 kleine Zwiebel
1 große Kartoffel
600 ml Pilzfond (aus dem Glas)
1 Zweig Thymian
Salz
Pfeffer
Suppenwürze
1 Becher Sahne

Pfifferlinge und Champignons putzen und zerkleinern. Zwiebel und Kartoffel würfeln und dünsten. Thymianzweig, Pilzfond und Sahne zugeben. 20 Minuten köcheln und würzen.
Thymianzweig entfernen, Suppe pürieren. Mit gerösteten Brotwürfeln anrichten.

Von Christa Ida,
Schwangau-Brunnen
Bild: Lucia Hörmann

Pichelsteiner Eintopf

Zutaten:
500 g Fleisch
(Rind oder Schwein)
50 g Margarine
2 Zwiebeln
Salz
Pfeffer
Paprikapulver
Kümmel
1 kg Gemüse
(Sellerie, Lauch,
Karotten, Bohnen,
Kohlrabi)
500 g Kartoffeln
500 ml Brühe
Petersilie
Räucherspeck

Fleisch in Würfel schneiden und mit Zwiebelscheiben in heißem Fett ca. 15 Minuten dünsten, anschließend würzen. Gemüse und Kartoffeln in Würfel oder Streifen schneiden, lagenweise mit den Kartoffeln einschichten (jede Lage würzen), als letzte Schicht Kartoffeln verwenden. Seitlich mit heißer Brühe aufgießen. Mit Räucherspeckscheiben belegen. Zugedeckt bei mittlerer Hitze ca. 1 Stunde dünsten, ohne umzurühren. Mit Petersilie bestreuen.

Von Ursula Endres,
Raupolz/Bad Grönenbach
Bild: Andrea Wiedemann

Pichelsteiner Eintopf

mit Leberkäse

Zutaten:
500 g Kartoffeln
100 g geräuchertes Wammerl
200 g Karotten
200 g Erbsen
300 g Leberkäse
etwa 1 EL Suppengewürz (Brühe)
1 Zwiebel

Zuerst die Kartoffeln und Karotten schälen, in Würfel schneiden und in wenig Wasser 20 Minuten kochen (im Dampfkochtopf geht es schneller). Wammerl und Zwiebel in Würfel schneiden, mit etwas Butter anbräunen. Leberkäse würfeln, ebenfalls dazugeben, bis er gleichmäßig braun ist. Danach zu den gegarten Kartoffeln geben, mit etwas Suppenbrühepulver abschmecken.

Anstatt Kartoffeln können auch gekochte Nudeln genommen werden.

Von Julia Mayr,
Eisenberg
Bild: Claudia Kiechle

Pilzgulasch-Eintopf

Zutaten:
500 g gemischte Pilze
750 g Kartoffeln
3 Zwiebeln
40 g Butter
Salz
etwas Zucker
Paprikapulver
Brühe
Petersilie

In der heißen Butter die fein geschnittene Zwiebeln andünsten. Danach die grob zerkleinerten Pilze und in Würfel geschnittenen Kartoffeln zugeben. Mit Brühe ablöschen, mit Salz, etwas Zucker und Paprikapulver würzen und alles zusammen ca. 30 Minuten schmoren lassen. Mit Petersilie bestreut servieren.

Von Waltraud Böck,
Eppishausen
Bild: Markus Schuster

Pizzasuppe

Zutaten:
1 Dose geschälte Tomaten
1 gelbe Paprika
1 Stange Lauch
250 ml Brühe
1 Dose Champignons in Scheiben
Salz
Pfeffer
Oregano
100 g Kräuterschmelzkäse oder Kräuterfrischkäse
frisches Basilikum

Tomaten mit der Flüssigkeit in einen großen Topf geben, pürieren. Paprika halbieren, entstielen, entkernen, die weißen Scheidewände entfernen, Schoten waschen und in Streifen schneiden. Lauch putzen, halbieren, waschen und in dünne Ringe schneiden. Paprikastreifen und Lauchringe zu den Tomaten geben und 10 bis 15 Minuten köcheln lassen. Brühe und Champignons hinzufügen und aufkochen lassen. Schmelzkäse mit etwas Suppe glatt rühren, dann unter die restliche Suppe rühren, erwärmen und abschmecken. Die Suppe darf nicht mehr kochen. Basilikumblättchen abspülen, trockentupfen und auf die Suppe streuen.

Von Claudia Holzmann, Engratsried

Puszta-Eintopf

Zutaten:
70 g Reis
500 ml Gemüsebrühe
3 EL Tomatenmark
1 Zwiebel
2 rote Paprikaschoten
3 bis 4 Tomaten
etwa 6 Debreziner
1/2 Salatgurke
1 EL Essig
Salz
Pfeffer

Tomatenmark in die Gemüsebrühe einrühren und den Reis dazugeben. Alle anderen Zutaten in Würfel oder kleine Scheiben schneiden und in die Brühe geben. Das Ganze dann etwa 20 bis 25 Minuten leise kochen lassen und danach noch kräftig würzen.

Von Josefine Holzheu,
Untrasried

Puszta-Eintopf –

mit Schweinefleisch

Zutaten:
400 g mageres Schweinefleisch
400 g Kartoffeln
3 Paprika (gelb, grün, rot)
2 große Zwiebeln
140 g Speck
2 Karotten
Salz
Pfeffer
Chili
60 g Tomatenmark
Gulasch-Gewürzzubereitung

Schweinefleisch in 2 cm große Würfel schneiden. Zwiebel, Paprika, Karotten und Kartoffeln in nicht zu kleine Würfel und Stücke schneiden. Speck in kleine Stücke schneiden. Fleisch in einem Bratentopf in 2 EL Fett kurz anbraten. Zwiebel zugeben und glasig dünsten. Dann Paprika, Kartoffeln, Karotten und Speck zugeben und unter Rühren andünsten. Tomatenmark zugeben. Mit warmem Wasser begießen. Zugedeckt bei schwacher Hitze 30 Minuten schmoren. Mit Salz, Pfeffer, Chili und Gulasch-Gewürz abschmecken. Mit ganzen Paprikaringen garnieren. Servieren.

Von Richard Weißenhorn, Woringen

Quinoa-Gemüseeintopf

Zutaten für 6 Personen:
1 bis 2 EL Rapsöl
250 g Quinoa
400 g Karotten
400 g Kartoffeln
400 g Zucchini
400 g Schinken, Rauchfleisch oder Würstchen
1 Handvoll Lauchzwiebel
1 1/4 l Wasser
3 EL selbstgemachtes Suppengewürz oder Suppenpulver für Gemüsebrühe nach Geschmack
Salz, Pfeffer
gemahlener Kümmel

Von Angelika Kimpfler, Gestratz

Quinoa abwaschen und Wasser abgießen. Schinken in Würfel schneiden und in Rapsöl kurz anbraten. Gemüse vorbereitet und gewürfelt dazugeben und kurz mit andünsten bzw. braten. Dann Quinoa dazugeben, umrühren und mit 1 1/4 l Wasser aufgießen. 3 EL Suppengewürz und Kümmel dazugeben, umrühren. Auf Stufe 1 (Gemüse) im Schnellkochtopf etwa 15 Minuten garen. Abschmecken und servieren.

Schmeckt leicht bitter und ist nicht jedermanns Sache, bringt aber einen interessanten Geschmack für ab und zu.

Reisfleisch –
Serbische Art

Zutaten:
600 g Schweinefleisch
2 Zwiebeln
1 Knolle Sellerie (300 g)
2 EL Sonnenblumenöl
4 EL Tomatenmark
1/2 TL Paprikapulver, edelsüß
1 1/2 l Fleischbrühe
200 g Langkornreis
80 g geriebenen Gouda
1/2 Bund Petersilie
Pfeffer
Salz

Das Schweinefleisch in mundgerechte Würfel schneiden und von allen Seiten in heißem Öl anbraten. Die Zwiebel fein hacken und die Sellerie putzen, schälen und raspeln. Anschließend zum Fleisch geben und mit andünsten. Das Fleisch mit 3 EL Tomatenmark, Paprikapulver und Salz würzen und mit etwa 300 ml Brühe ablöschen. Das Ganze bei mittlerer Hitze 40 Minuten schmoren lassen. Den Reis hinzufügen, die restliche heiße Brühe dazugießen und alles weitere 20 Minuten garen. Zum Schluss etwa zwei Drittel des geriebenen Käses unter die Suppe mengen. Den Eintopf kräftig mit Salz, Pfeffer, Paprika und dem restlichen Tomatenmark abschmecken. Auf tiefen Tellern verteilen und mit dem restlichen Käse und der gehackten Petersilie bestreuen.

Von Silvia Jörg,
Waltenhofen

Reissuppe

Zutaten:
etwas Butter
etwas Mehl
500 ml Wasser
Suppengewürz
1 Beutel Reis
1 l Wasser

Butter und Mehl in einem Topf unter Rühren leicht anbräunen (Mehlschwitze). Mit Wasser aufgießen und mit Suppengewürz abschmecken. In einem separaten Topf den Reis in 1 l Wasser kochen. Den fertigen Reis in die Suppe geben. Man kann auch gekochten Reis vom Vortag verwenden.

Von Sylvia Eckart,
Rettenberg
Bild: Sandra Walk

Riebelesuppe
(»Omas Bolla-Suppe«)

Zutaten:
100 g Mehl
Salz
1 Ei
1 1/2 l Brühe
Schnittlauch oder Liebstöckel
evtl. Muskat, gerieben
Majoran oder Petersilie

Von Annemarie Weixler, Durach
Bild: Lucia Hörmann

Mehl, Ei und Salz in einer kleinen Schüssel mit dem Schneebesen trocken verrühren, so dass sich kleine und große Knödelchen bilden. Je nach Mehlsorte 1 bis 2 EL Wasser dazu geben. Unter Rühren in die kochende Suppenbrühe geben. 5 Minuten köcheln lassen und zum Schluss mit Kräutern oder Gewürzen verfeinern.

Einfach eine gute Suppe, wenn alle Vorräte aufgebraucht sind.

Rinderbrühe
mit Frischkäseklößchen

Zutaten:
100 g Doppelrahmfrischkäse
30 g Butter
50 g Semmelbröseln
2 Eigelb
Salz
Pfeffer
Muskatnuss
1 Bund Schnittlauch
ca. 600 ml Rinderbrühe

Butter, Eier und Frischkäse sollten Raumtemperatur haben, da sich die einzelnen Zutaten dann besser verbinden. Den Frischkäse und die Butter mit 2 EL Semmelbröseln verrühren. Eigelbe einzeln unterrühren, dann mit restlichen Bröseln verkneten und mit Salz, Pfeffer und Muskat abschmecken. Kleine Klößchen rollen oder mit Hilfe von 2 Teelöffeln »Nocken« abstechen. Schnittlauch fein schneiden. Brühe erhitzen. Klößchen im Salzwasser kurz aufkochen, dann 10 Minuten ziehen lassen und in der Brühe servieren. Mit Schnittlauch bestreuen.

Von Judith Mayer,
Böhen
Bild: Sonja Stegmann

Rindfleischeintopf

mit Champignons

Zutaten:
1 kg Gulasch vom Rind
500 g Champignons
2 Zwiebeln
150 ml trockenen Rotwein
1 l Rinderbrühe
1 EL Chilisoße
frische Kräuter
1 EL Zitronensaft
Salz
Pfeffer
Paprikapulver
Worcestersoße
Tabasco

Zwiebeln in grobe Spalten schneiden. Champignons säubern, Stielansätze abschneiden. Backofen auf 200 Grad vorheizen. Fleisch in einem Bräter portionsweise kräftig anbraten. Mit Salz, Pfeffer und Paprika würzen. Zwiebeln und Champignons ebenfalls kurz anbraten. Fleisch wieder zugeben. Mit Rotwein ablöschen und kurz köcheln lassen. Brühe zufügen und zum Kochen bringen. Chilisoße zugeben. Den Eintopf zugedeckt im Backofen 1 1/2 Stunden schmoren. Danach aus dem Ofen nehmen, Zitronensaft und Kräuter zugeben. Nochmals abschmecken. Nach Wunsch mit etwas Worcestersoße und Tabasco abschmecken. Dazu schmeckt Knoblauchbaguette.

Von Waltraud Böck,
Eppishausen
Bild: Gerlinde Hörmann

Rindfleischtopf
mit Kartoffeln

Zutaten:
2 Knoblauchzehen
4 Zwiebeln
700 g Rindfleisch
3 EL Öl
Salz
Pfeffer
Paprikapulver, edelsüß
Currypulver
1/2 TL Zimtpulver
750 ml Suppenpulver für Fleischbrühe
1 Dose geschälte Tomaten (410 g)
800 g Kartoffeln
2 grüne Paprikaschoten
1 TL italienische Kräuter

Knoblauch und Zwiebeln abziehen. Die Zwiebel in Ringe schneiden. Das Fleisch abbrausen, trockentupfen und in Würfel schneiden. Das Öl erhitzen, das Fleisch portionsweise hinzufügen und anbraten. Die Zwiebel dazugeben und anrösten. Den Knoblauch dazupressen. Mit Salz, Pfeffer, Paprika, Curry und Zimt würzen. Die Fleischbrühe angießen und die Tomaten samt Saft hinzufügen. Alles etwa 15 Minuten köcheln lassen. In der Zwischenzeit die Kartoffeln schälen und in Würfel schneiden. Die Paprika halbieren, von Kernen und Trennhäuten befreien, waschen und in Streifen schneiden. Die Kartoffelwürfel in den Eintopf geben und weitere 10 Minuten garen. Dann die Paprikastreifen hinzufügen und nochmals 10 Minuten garen. Mit Salz, Pfeffer und italienischen Kräutern abschmecken. Eventuell mit Basilikum garniert servieren.

Von Heidi Gruber,
Marktoberdorf

Rosenkohltopf

Zutaten:
750 g Rosenkohl
500 g Kartoffeln
500 ml Brühe
1 kleine Dose Tomaten
Salz
Pfeffer
Paprikapulver
400 g Hackfleisch
1 Zwiebel
2 EL gehackte Petersilie
1 Ei
3 EL Paniermehl
1 EL gehackte, gemischte Kräuter

Rosenkohl putzen, mit geschälten und gewürfelten Kartoffeln in der Brühe ca. 20 Minuten garen. Pürierte Dosentomaten zugeben, mit Salz, Pfeffer und Paprika würzen. Hackfleisch mit fein gehackter Petersilie, Ei und Paniermehl vermischen und mit den Gewürzen abschmecken. Aus der Masse walnussgroße Bällchen formen, diese in den Eintopf geben und alles weitere 10 Minuten ziehen lassen. Rosenkohltopf nochmals abschmecken, mit Kräutern bestreut servieren.

Von Kornelia Jörg,
Rettenberg-Kranzegg
Bilder: Uschi Ullemair

Rote-Bete-Suppe

Zutaten:
250 bis 500 ml Apfelsaft
3 Stück Rote Bete
1 Zwiebel
250 ml Sahne
Salz
Pfeffer
Muskat
saure Sahne

Rote Bete im Dampfkochtopf mit Apfelsaft weich kochen, schälen und in Würfel schneiden. Zwiebel im Topf anbraten, die klein geschnittenen Rote Bete dazugeben, mit etwas Wasser aufgießen und weiterkochen (Wassermenge hängt davon ab, wie dick oder dünn man die Suppe gerne möchte). Das Ganze mit dem Pürierstab zerkleinern und mit Sahne verfeinern. Mit Salz, Pfeffer und Muskat abschmecken. Mit 1 TL saurer Sahne garnieren.

Von Reinhilde Zaiser,
Oy-Mittelberg
Bild: Ulrike Finkenzeller

Rote-Rüben-Suppe

Zutaten:
500 g Rote Rüben
750 ml Gemüsesuppe
Saft von 1/2 Zitrone
125 ml Schlagsahne
2 EL Meerrettich
Salz
Pfeffer

Rote Rüben schälen und in kleine Würfel schneiden. Gemüsesuppe erhitzen, die Roten Rüben hinzufügen und bei schwacher Hitze weich kochen. Mit Salz, Pfeffer und Zitronensaft abschmecken und in einem Mixbecher fein pürieren. Sahne steif schlagen, Meerrettich unterheben, 1 EL Meerrettichsahne für die Garnitur wegnehmen. Rest in die Suppe rühren. Suppe mit Meerrettichsahne garnieren.

Von Carla Hölzle,
Markt Rettenbach

Rotweineintopf

Zutaten:
500 g Rindernacken
100 g durchwachsener Speck
200 g Zwiebeln
2 EL Öl
250 ml Rotwein
500 ml Fleischbrühe
1 Knoblauchzehe
1 Lorbeerblatt
1 TL Thymian
Salz
200 g Möhren
2 Paprikaschoten
gehackte Petersilie

Fleisch in 3 cm große Stücke schneiden, Speck fein würfeln. Zwiebel schälen, in Scheiben schneiden. Öl und Speck im Topf erhitzen und Fleisch darin bräunen, öfter wenden, Zwiebeln zufügen und hell bräunen. Wein und Brühe zugießen. Knoblauch abziehen, würfeln und in den Eintopf geben, ebenso Lorbeerblatt und Thymian. Mit Salz abschmecken. Zugedeckt 45 Minuten garen. Möhren schälen, in Scheiben schneiden. Paprika vierteln, entkernen, in Streifen schneiden. In den Eintopf geben und weitere 30 Minuten garen. Fertigen Eintopf abschmecken und mit Petersilie garnieren.

Von Gertrud Endres, Kronburg
Bild: Ulrike Finkenzeller

»Sägersuppe«

Zutaten:
1 1/2 l Fleisch- oder Gemüsebrühe
je 100 g Karotten, Lauch, Sellerie, Erbsen
1 Breze vom Vortag
etwas Butter
1 bis 2 Eier
Schnittlauch
Petersilie

Die Suppe hat ihren Namen von einer Sägerei.

Brühe kochen und abschmecken. Wurzelgemüse in feine Streifen schneiden und mit den Erbsen in die kochende Suppe geben. Kurz aufkochen. Breze in feine Scheiben schneiden und in Butter etwas anrösten. Das »verklepperte« Ei darüber geben, unter Rühren stocken lassen und auf warme Teller verteilen. Die gehackten Kräuter in die Suppe geben und bei Tisch die heiße Suppe über die Breze schöpfen.

Von Christa Leutherer, Obergünzburg

Sauerampfersuppe
mit Butterklößchen

Zutaten:
30 g Fett
40 g Mehl
1 größeres Büschel Sauerampfer aus dem Garten
Wasser
Salz

Klößchen:
60 g Butter
2 Eier
Salz
etwas geriebene Muskatnuss
Mehl

Sauerampfer in feine Streifen schneiden. Aus Fett und Mehl eine Einbrenne herstellen, den geschnittenen Sauerampfer kurz mit andünsten, mit Wasser aufgießen, salzen und aufkochen. Für die Klößchen Butter schaumig rühren, Eier, Salz, etwas geriebene Muskatnuss dazugeben, alles miteinander verrühren. So viel Mehl dazurühren, bis es einen geschmeidigen Teig gibt. Damit es schöne Klößchen gibt, den Teig im Kühlschrank einige Zeit kalt stellen. Danach mit einem Teelöffel Klößchen abstechen und in die kochende Suppe geben, einige Zeit ziehen lassen. Suppe abschmecken. Wird der Teig nicht kalt gestellt und gleich weiterverarbeitet, wird die Suppe sämiger und es gibt keine schönen Klößchen, schmeckt aber auch gut.

Von Margit Schindele, Rückholz

Sauerkrauteintopf

Zutaten:
500 g Schweinefleisch
4 Zwiebeln
4 EL Öl
1 Lorbeerblatt
2 EL Tomatenmark
4 Pimentkörner
1/2 TL Kreuzkümmelkörner
Salz
Pfeffer
Paprikapulver
250 ml Rotwein
800 ml Gemüsebrühe
600 g Kartoffeln
400 g Sauerkraut (Dose)
2 rote Paprikaschoten
1 Bund Petersilie
50 ml Sahne

Fleisch in heißem Öl von allen Seiten anbraten. Die gewürfelten Zwiebeln dazugeben und etwa 5 Minuten andünsten. Lorbeer zufügen, Tomatenmark und Gewürze unterrühren und Rotwein sowie Brühe eingießen. Gewürfelte Kartoffeln dazugeben und bei milder Hitze ca. 45 Minuten schmoren lassen. Das Sauerkraut abtropfen lassen und die Paprikaschoten in Streifen schneiden. Petersilienblättchen abzupfen, Paprika sowie Sauerkraut zum Eintopf geben und ca. 8 Minuten ziehen lassen. Vor dem Servieren Petersilie und Sahne unterrühren, dann salzen und pfeffern.

Von Carla Hölzle,
Markt Rettenbach

Sauerkrautsuppe
mit Kabanossi

Zutaten:
125 g durchwachsener Räucherspeck
1 kleine Zwiebel
1 Knoblauchzehe
400 ml Fleischbrühe
250 g Sauerkraut
125 g Kassler
1/2 grüne Paprika
1/2 EL Paprikapulver
etwas Tabasco
Salz
125 g Kabanossi
1 Becher Frischkäse, z. B. »Frischer Landrahm«

Räucherspeck klein würfeln und in einem Topf anbraten. Zwiebel und Knoblauchzehe klein schneiden, dazugeben und dünsten, bis die Zwiebelwürfel glasig sind. Mit Fleischbrühe auffüllen und alles zum Kochen bringen . Das Sauerkraut sowie das klein geschnittene Kassler hinzugeben und die Suppe zugedeckt etwa 30 Minuten köcheln lassen. Paprikaschote waschen, putzen, in feine Streifen schneiden und zur Suppe geben und das Ganze mit Paprika, Tabasco und Salz abschmecken. Die Kabanossi in dünne Scheiben schneiden, zufügen und bei schwacher Hitze in der Suppe 15 Minuten ziehen lassen. Die Suppe vom Herd nehmen, den »Landrahm« cremig rühren und jeweils 1 EL auf die Suppe setzen.

Von Susanne Eggel, Wertach
Bild: Uschi Ullemair

Saure-Restle-Suppe

Zutaten:
Butterschmalz
1 EL Zucker
Mehl
1 Zwiebel
Brühe
1 Lorbeerblatt
2 EL Essig
Restle vom Vortag:
Kässpatzen
gekochte Bohnen
gewürfelte Kartoffelpuffer
oder auch Nudeln

Aus Butterschmalz, Zucker und Mehl eine Einbrenne herstellen. Gewürfelte Zwiebel dazugeben und alles bräunen lassen.
Etwas abkühlen lassen und mit Brühe aufgießen. Nun den Essig, das Lorbeerblatt, etwas Salz und Pfeffer beigeben. Das Ganze nun ca. 15 Minuten köcheln lassen. Dann die Restle hinzufügen und nochmals aufwärmen.
Nach Geschmack kann am Tisch mit Essig nachgewürzt werden.

Von Angelika Gast,
Linsen-Waltenhofen

Scharfe Suppe mit Kabanossi

Zutaten für 8 Personen:
1 kg Gemüsebrühe
2 Knoblauchzehen
40 g Butter oder Margarine
70 g Tomatenmark
2 EL Mehl
1 Dose (850 g) geschälte Tomaten
300 g tiefgefrorene Brechbohnen
1 1/2 l klare Brühe
1 TL Thymian
500 g Kabanossi
1 Becher Vollmilchjoghurt
1 Becher Crème fraîche
Salz
weißer Pfeffer
1 EL grüner eingelegter Pfeffer
Tabasco
Zwiebel

Zwiebel schälen, halbieren und in Scheiben schneiden. Knoblauch durch Knoblauchpresse drücken. Fett in einem großen Topf erhitzen. Zwiebel und Knoblauch glasig dünsten. Tomatenmark und Mehl zufügen und unter Rühren leicht anschwitzen. Tomaten zerkleinern und mit dem Saft dazugeben. Bohnen hinzufügen und die Brühe angießen. Mit Thymian würzen und alles im geschlossenen Topf ca. 20 Minuten bei mittlerer Hitze garen. In der Zwischenzeit Wurst in etwa 1/2 cm dicke Scheiben schneiden. Joghurt und Crème fraîche verrühren und mit Salz und Pfeffer abschmecken. Den abgetropften grünen Pfeffer unterheben. Die Wurst in die Suppe geben und kurz erhitzen. Mit Salz, Pfeffer und Tabasco scharf abschmecken. Crème fraîche zur Suppe servieren. Dazu passt frisches Bauernbrot.

Von Erika Rothfelder,
Dirlewang

Schaschliktopf

Zutaten:
1 kg Schweinegulasch
500 g Wammerl
3 Zwiebeln
je eine rote, grüne und gelbe Paprika
2 Flaschen (je 250 g) Schaschliksoße
500 g passierte Tomaten
Salz
Pfeffer
Paprikapulver
Brühe
Fett
Tabasco oder Chili nach Belieben

Dieser Schaschliktopf lässt sich einfach vorbereiten und kommt bei Gästen, ob groß oder klein, sehr gut an. Dazu passt Baguette.

Das Gulasch und das Wammerl klein schneiden. Mit Salz, Pfeffer und Paprikapulver würzen und portionsweise in Fett gut anbraten. Zwiebeln vierteln und die Schalen auseinandernehmen. Die Paprika in nicht zu dünne Streifen schneiden. Das angebratene Fleisch, die Zwiebeln und Paprika in einen Topf geben. Die Schaschliksoße und die passierten Tomaten dazugeben, verrühren und mit Brühe aufgießen. Das Ganze ungefähr 45 Minuten lang köcheln lassen. Wer es scharf mag, kann zum Schluss noch etwas Chili oder Tabasco dazugeben.

Von Vroni Mair,
Aitrang

Schnatterknödelsuppe

Zutaten:
200 g Mehl
1 bis 2 Eier
Salz
1/2 Handvoll Schnatter
oder Frühlingszwiebel
Wasser
Suppenbrühe

Dieses Rezept ist von meiner Großmutter. Es geht sehr schnell und schmeckt lecker.

Teig aus Mehl, Eiern und Salz herstellen (soll wie Spätzleteig, sehr zähflüssig, sein). Schnatter bzw. Frühlingszwiebel zugeben. Mit nassem Löffel Knödel abstechen und in kochende Brühe geben. 10 Minuten köcheln lassen.

Von Elisabeth Dimmeler,
Böhen

Schweinefilet-Eintopf

Zutaten:
500 g Schweinefilet
etwas Butter
Paprikapulver
Salz
Pfeffer
100 g Butter
3 Zwiebeln
2 grüne und 1 rote Paprika
1 Knoblauchzehe
100 g Reis
250 ml Fleischbrühe
3 Tomaten
etwas Rotwein
250 ml Sahne

Das Schweinefilet in Würfel schneiden, in Butter 5 Minuten braten und mit den Gewürzen abschmecken. In einer Jenaer-Form fein geschnittene Zwiebeln und Knoblauch und gewürfelten Paprika andünsten, Reis dazugeben, mit Fleischbrühe aufgießen und 10 Minuten dünsten lassen. Die in Scheiben geschnittenen Tomaten, das angebratene Fleisch sowie etwas Rotwein dazugeben und fertig garen. Vor dem Essen die geschlagene Sahne unterheben.

Von Claudia Endres,
Bad Grönenbach
Bild: Andrea Wiedemann

Sellerie-Kartoffel-Suppe

mit Speck

Zutaten:
400 g Knollensellerie
500 g Kartoffeln
2 Schalotten
2 Scheiben Frühstücksspeck
1 EL Butter
Salz
Pfeffer
Muskat
500 ml Gemüsebrühe
1/2 Bund Petersilie
150 g Crème fraîche
2 TL Zitronensaft

Die Suppe in einem ausgehöhlten Apfel servieren.

Sellerie, Kartoffeln und Schalotten schälen. Sellerie und Kartoffeln würfeln. Schalotten fein hacken. Speck in kleine Würfel schneiden. Butter zerlassen, Zwiebel darin glasig anbraten. Kartoffeln und Sellerie dazugeben und kurz mitbraten. Mit Salz, Pfeffer und Muskat kräftig würzen. Die Gemüsebrühe angießen. Suppe aufkochen, etwa 20 Minuten köcheln lassen, bis das Gemüse weich ist. In einer Pfanne die Speckwürfel knusprig braten, beiseitestellen. Petersilie waschen, hacken. Suppe mit dem Pürierstab fein pürieren. Crème fraîche und Petersilie unterrühren und die Suppe noch etwa 5 Minuten bei schwacher Hitze köcheln lassen. Mit Zitronensaft abschmecken und beim Servieren mit den Speckwürfelchen bestreuen.

Von Barbara Schiegg, Mussenhausen
Bild: Ulrike Finkenzeller

Sellerie-Käse-Suppe

Zutaten:
1 EL Butter
30 g Zwiebeln
150 g Staudensellerie
70 g rohe Kartoffeln
1 mittelgroße Zucchini
250 ml Sahne
250 ml Brühe
Salz, Pfeffer
Muskat
200 g Camembert (Brie)

Von Klara Berkmann, Oberstaufen
Bild: Claudia Kiechle

Zwiebel glasig dünsten. Sellerie, Zucchini und Kartoffeln schälen, in kleine Würfel schneiden und mit andünsten. Die Sahne und Brühe dazugeben und bei kleiner Hitze 10 Minuten kochen lassen. Danach die Suppe mixen und zu einer cremigen Konsistenz aufschlagen. Die Suppe mit Salz, Pfeffer und Muskat abschmecken. Den Camembert entrinden und in kleine Würfel schneiden, diese in die Suppe geben und nochmals kurz aufkochen lassen. Danach sofort heiß servieren. Das Ganze kann noch mit einem Tupf Sahne und gerösteten Weißbrotwürfeln verfeinert werden.

Selleriesuppe

Zutaten:
1 Sellerieknolle
1 l Gemüsebrühe
frisch gemahlenen Pfeffer
eventuell Kräutersalz
frisch geriebene Muskatnuss
30 g Butter
30 g Mehl
2 bis 4 EL süße Sahne
(200 g gekochten Schinken)

Von Elisabeth Springer, Augsburg

Sellerie waschen, schälen, klein schneiden, in der Butter andünsten, mit Mehl stäuben, durchdünsten, mit der Gemüsebrühe aufgießen und leise kochen lassen, bis der Sellerie gar ist (ca. 20 Minuten). Mit dem Pürierstab die Suppe cremig pürieren. Sahne zufügen und nochmals durchpürieren. Mit Pfeffer und Muskatnuss abschmecken. Eventuell mit Kräutersalz nachwürzen.

Wer mag, kann auch noch 200 g gekochten Schinken in feine Streifen schneiden und in die heiße Suppe geben.

Mit Bauernbrot servieren.

Semmelsuppe

Zutaten:
1 alte Semmel
40 g Butter
1/2 Zwiebel
Salz
Muskat
Aromat zum Abschmecken
1 Ei
etwas Petersilie

Die alte Semmel in dünne Scheiben schneiden und in lauwarmem Wasser einweichen. Die Zwiebel klein schneiden, in Butter hell bräunen. Mit Wasser aufgießen und kurz aufkochen. Dann die eingeweichten Semmelscheiben zugeben. Alles mit Salz, Muskat und Aromat abschmecken. Zum Schluss 1 Ei verquirlen, dazugeben und noch einmal kurz aufkochen. Mit Petersilie garnieren.

Geht schnell
und schmeckt gut.

Von Marianne Angerer,
Seeg-Lobach

Senf-Cremesuppe
mit gebeiztem Lachs

Zutaten:
1 1/4 l Fleischbrühe
200 g getrocknete Linsen
oder 1 große Dose Linsen
mit Suppengrün
1 EL süßer Senf
1 EL mittelscharfer oder
scharfer Senf
200 g gebeizter Lachs

Getrocknete Linsen über Nacht einweichen, das Einweichwasser abschütten und mit der Fleischbrühe 20 Minuten kochen lassen (Linsen aus der Dose abseihen und mit der Fleischbrühe ca. 10 Minuten köcheln lassen). 2/3 der Suppe pürieren, mit dem Senf und eventuell etwas Pfeffer abschmecken. Lachs in feine Streifen schneiden, in die Suppe geben und gleich servieren.

Von Roswitha Köhler,
Oberstaufen

Spargelcremesuppe

Zutaten:
250 g Spargel (2. Qualität)
Salzwasser zum Kochen
30 g Butter
50 g Mehl
1 1/2 l Gemüsesud
Salz

zum Verbessern:
Eigelb
Rahm oder Milch

Spargel waschen, vom Kopf her schälen, in fingergliedlange Stücke schneiden, in kochendem Salzwasser zusetzen, weich kochen; helle Einbrenne herstellen, mit Spargelsud auffüllen, knapp 15 Minuten durchkochen lassen, Spargel zugeben, mit Eigelb und Rahm oder Milch legieren, nicht mehr kochen lassen, abschmecken.
Verwendungsmöglichkeit für Spargelschalen: frisch zu Suppensud oder getrocknet als Suppenwürze. Luftig aufbewahren!

Von Annemarie Weixler,
Durach
Bild: Lucia Hörmann

Spargeleintopf

mit Hackfleisch

Zutaten:
500 g Spargel
500 g Kartoffeln
30 g Butter
Salz
1 Prise Zucker
tiefgekühlte Erbsen
2 Eigelb
Petersilie
125 ml Sahne

Hackfleischbällchen:
300 g Hackfleisch
Salz, Pfeffer

Von Martina Böck,
Eppishausen
Bild: Manuela Immler

Hackfleisch würzen, Bällchen herstellen und in einer Pfanne gut anbraten. Beiseite stellen. Spargel waschen, schälen und in Stücke schneiden. Die Schalen in 500 ml Wasser 15 Minuten kochen lassen. Spargel durch ein feines Sieb abgießen und Spargelwasser dabei auffangen. Kartoffeln schälen und in Stücke schneiden. Spargel und Kartoffeln in der Butter 10 Minuten andünsten und mit Salz und Zucker würzen. Das Spargelwasser, die unaufgetauten Erbsen und die Fleischklößchen dazugeben und weitere 15 Minuten garen. Sahne mit Eigelb verrühren und in den Eintopf geben. Petersilie hacken und darüberstreuen.

Spatzen
gebacken

Zutaten:
3 Eier
250 g Mehl
etwas lauwarme Milch
etwas Salz oder »Fondor«
Fett zum Ausbacken

Zähflüssigen Spätzleteig herstellen. Im heißen Fett die Spätzle goldgelb ausbacken.

Von Heiderose Rabus,
Memmingen

Speckklößchensuppe

Zutaten:
2 bis 3 alte Brötchen
250 ml Milch
3 Eier
100 g Geräuchertes
1 Bund Petersilie
1 Zwiebel
6 EL Mehl
Salz
Pfeffer
Muskat

Von Hildegard Rösch, Köngetried (kleines Bild)
Bild oben: Sylvia Weixler

Brötchen in kleine Würfel schneiden. Eier und Milch verquirlen und über die Brotwürfel gießen und 20 Minuten ziehen lassen. Ab und zu umrühren. Geräuchertes und Zwiebel in kleine Würfel schneiden und in einer Pfanne andünsten. Die Zwiebel und das Geräucherte mit der klein geschnittenen Petersilie und den Gewürzen unter die Semmel rühren. Das Mehl zugeben, bis der Teig die richtige Konsistenz hat und dann kleine Klößchen formen. In Fleischbrühe ca. 10 Minuten garziehen lassen.

Spinatsuppe

Zutaten:
1 Päckchen Rahmspinat
Fleischbrühe
1 Schmelzkäse
Pfeffer
Salz
1 Zehe Knoblauch
Mehl
250 ml Sahne

Spinat mit Fleischbrühe aufkochen lassen. Schmelzkäse, Salz, Pfeffer und Knoblauch zugeben und nochmal aufkochen. Das Mehl mit der Sahne verrühren und die Suppe damit binden. Immer wieder gut durchrühren, da der Käse am Boden bleibt.

Von Angelika Leichtle,
Unteregg
Bild: Lucia Hörmann

Sportlerpfanne

Zutaten:
Öl
2 Zwiebeln
2 rote Paprika
1 gelbe Paprika
1 grüne Paprika
4 Paar rote Würste
Salz
Pfeffer

Die Zwiebeln schälen, grob würfeln und im Öl bei mäßiger Hitze anbraten. Paprika putzen, in Streifen schneiden und mitbraten. Die Würste in Scheiben schneiden und dazugeben. Mehrmals wenden. Mit Bauernbrot servieren.

Wer will, kann auch weiteres klein geschnittenes Gemüse wie Kartoffeln oder Karotten zugeben.

Von Margret Wirth,
Bad Wurzach

Sternchen-Suppe

Zutaten:
300 g Kartoffeln
200 g Karotten
1 kleiner Fenchel
50 bis 100 g Sternchen- oder Buchstabennudeln
20 g Butter
1 1/2 l Wasser
1 EL Salz
1/2 EL Suppenwürze (Fleischbrühe)
etwas Petersilie oder Schnittlauch

Butter in einem Topf erwärmen. In der Zwischenzeit die Karotten waschen, schälen und in kleine Würfel schneiden. Fenchel ebenfalls in kleine Würfel schneiden und in den Topf geben. Die Kartoffeln in größere Würfel schneiden und zu dem anderen Gemüse geben. Kurz andünsten und mit dem Wasser aufgießen. 10 Minuten leise köcheln lassen. Die Sternchennudeln dazugeben und weitere 10 Minuten köcheln lassen. Mit Salz und Suppenwürze abschmecken. Falls es noch zu wenig Brühe ist, 250 ml Wasser zugeben – fertig.

Von Monika Kohler,
Altusried
Bild: Gabi Striegl

Wer keinen Fenchel mag, kann ihn auch weglassen. Man schmeckt den Fenchel kaum. Unsere Kinder essen diese Suppe sehr gern.

Suppe –
Kräftige Art

Zutaten:
250 g Hackfleisch
1 Zwiebel
1 Knoblauchzehe
1 kleine Dose Champignons
2 Stangen Lauch
125 g Kräuterschmelzkäse
1/2 Becher Sahne

Zwiebel und Knoblauch klein schneiden, andünsten, Hackfleisch dazu anbraten. Champignons und Lauch klein schneiden und mitbraten. Mit 1 l Brühe ablöschen. 20 Minuten leicht köcheln. Kurz vor dem Servieren Käse und Sahne unterziehen.

Von Margit Schalk,
Sontheim
Bild: Manuela Immler

Tomatensuppe
mit gerösteten Brotwürfeln

Zutaten:
30 g Fett
50 g Mehl
1/2 TL Zwiebel
500 g Tomaten oder Tomatenmark (je nach Ergiebigkeit)
1 1/2 l Flüssigkeit
Salz

zum Verbessern:
Rahm oder Milch
Zitronensaft
1 Prise Zucker

als Einlage: Eierstich, Reis oder Erbsen

als Beilage:
geröstete Brotwürfel

Aus Fett, Mehl und Zwiebel helle Einbrenne herstellen. Gewaschene, geschnittene Tomaten oder Mark zugeben, durchdünsten, auffüllen, salzen und 10 bis 15 Minuten kochen. Nach Bedarf durch Sieb streichen und abschmecken. Die Zugabe von 2 bis 3 roh durch das Sieb gestrichenen Tomaten vor dem Anrichten ist zu empfehlen.

Selbst hergestelltes Tomatenmark ist weniger ergiebig, in diesem Falle die Menge bis zu 1/4 l erhöhen, dafür Flüssigkeit entsprechend kürzen.

Von Annemarie Weixler,
Durach

Tomatensuppe
mit Käse-Brandteig-Nockerl

Zutaten:
125 ml Milch
Salz
25 g Butter
75 g Mehl
2 bis 3 Eier
50 g Käse
1 Msp. Backpulver

Tomatensuppe
(helle Einbrenne):
30 g Butter
1 Zwiebel
2 bis 3 EL Tomatenmark
40 g Mehl
500 ml Brühe
Zucker
Salz
Pfeffer
Majoran

Milch, Butter, Salz aufkochen, Mehl zugeben und Backpulver anrühren. Von der Platte nehmen und die Eier nach und nach unterrühren, zuletzt den Käse dazu.
Nockerl formen und 10 Minuten im Wasser garziehen lassen.
In der Zwischenzeit Tomatensoße zubereiten: Butter schmelzen, Zwiebel anrösten, Tomatenmark dazu, ebenso das Mehl, mit Brühe ablöschen, würzen.
Die fertigen Nockerl in die Tomatensoße geben.
Die Käsenockerl schmecken hervorragend und sind relativ schnell zubereitet.

Von Rosemarie Meusburger,
Sondert-Waltenhofen
Bild: Simone Frank

Tomatensuppe
mit Käseklößchen

Zutaten:
Tomatensuppe:
30 g Fett
1/2 Zwiebel
2 EL Mehl
1 kleine Dose Tomatenmark
750 ml Wasser
1 Brühwürfel
1/2 TL Salz
1 Prise Zucker
etwas Paprikapulver
Basilikum
2 EL Dosenmilch
2 EL Tomatenketchup
etwas Schnittlauch

Käseklößchen:
30 g Butter
1 Ei
3 EL Semmelbrösel
10 g fein geriebener Käse
etwas Muskat

Butter bei Zimmertemperatur glatt rühren.

Von Rosmarie Brugger, Sulzschneid

Tomatenmark im lauwarmen Aufgießwasser lösen, Zwiebel sehr fein schneiden und andünsten, Mehl zugeben und eine helle Einbrenne herstellen. Langsam bei niedriger Hitze die Aufgießflüssigkeit zugeben. Dabei kräftig rühren. Suppe würzen und 20 Minuten kochen lassen, mit Dosenmilch legieren, abschmecken und mit Schnittlauch garnieren. Für die Käseklößchen die Butter in die Wärme stellen, Ei mixen und Käse fein reiben. Butter glatt rühren, Ei und Semmelbrösel zugeben. Reibkäse unterrühren und die Masse abschmecken. 10 Minuten quellen lassen. Inzwischen Salzwasser aufstellen. Probeklößchen kochen, dann erst die Klößchen formen und im Salzwasser 20 Minuten ganz leicht köcheln lassen. Fertige Klößchen auf die Tomatensuppe setzen.

Tomatensuppe –

Einfache Art

Zutaten:
1 Dose geschälte Tomaten
1 Zwiebel
Fett zum Andünsten
Salz
Thymian
Sahne
Würfelbrühe

Die Zwiebel in Fett hellbraun andünsten, dann die geschälten Tomaten hinzugeben.
Alles miteinander 5 bis 10 Minuten dünsten, vorher aber salzen und mit Thymian bestreuen.
Sobald das Ganze eine sämige Masse ist, die Würfelbrühe hinzugeben, ca. 5 Minuten durchkochen.
Die Sahne erst auf dem Teller zugeben.

Von Martina Beurer,
Altenstadt-Untereichen
Bild: Gabi Striegl

Weißwurstterrine

mit Gemüse und Nudeln

Zutaten für 4 bis 6 Personen:
1 Päckchen gefrorenes Suppengemüse
250 g Suppennudeln (Muscheln)
Fleischbrühe
4 bis 6 Weißwürste

Suppengemüse nach Anleitung (siehe Packung) garen. Die gekochten Nudeln dazugeben. Die Weißwürste aus der Haut pellen, in Scheiben schneiden und in der Pfanne ausbraten. Gemüsenudeln auf Tellern verteilen, Weißwurstscheiben darauf geben, servieren. Nach Belieben können auch andere Würstchen (Wiener) verwendet werden.

Von Ingrid Heilmayer, Kempten
Bild: Sandra Frank

Wirsingeintopf
mit Hackfleisch

Zutaten:
65 g durchwachsenen, geräucherten Speck
200 g gemischtes Hackfleisch
2 Zwiebeln
300 g Wirsing
3 Kartoffeln
125 ml Wasser
125 ml Milch
Muskat
Salz
Pfeffer
Suppenpulver für Gemüsesuppe
2 Tomaten
fein gehackte Petersilie

Den Speck würfeln und im Topf auslassen. Das Hackfleisch zugeben und braten, bis es krümelig wird. Zwiebeln schälen, würfeln und kurz im Hackfleisch mitbraten. Den Wirsing putzen, waschen, in grobe Stücke zerteilen. Die Kartoffeln schälen und in kleine Würfel schneiden. Beides zur Fleisch-Zwiebel-Mischung geben. Wasser und Milch beifügen und mit Suppenpulver, Salz, Pfeffer und Muskat abschmecken. 25 bis 30 Minuten, ohne dazwischen umzurühren, garen lassen (auf kleiner Flamme). Nebenbei die Tomaten überbrühen, schälen und in Würfel schneiden. Sie werden ganz zum Schluss unter den Eintopf gerührt. Wer will, kann den Topfinhalt vorher etwas mit dem Kartoffelstampfer stampfen. Nochmals abschmecken und mit Petersilie bestreuen.

Von Martina Böck, Eppishausen
Bild: Robert Benesch

Wirsingsuppe

Zutaten:
1/2 Wirsing
3 Kartoffeln
1 Zwiebel
1 l Brühe
Salz
Pfeffer
Muskat
2 TL Crème fraîche
1/2 Packung Sahne
2 TL gehackter Schnittlauch

Von Maria Weixler, Durach

Wirsing putzen, waschen und in Streifen schneiden. Kartoffeln schälen und würfeln, Zwiebel klein hacken. Brühe aufkochen, das Gemüse und die Kartoffeln darin garen, anschließend pürieren und würzen. Crème fraîche und Sahne unterrühren. Mit Schnittlauch bestreut servieren.

Wurzelwerk in Salz

Suppengewürz

Zutaten:
2 kg Wurzelwerk (Karotten, Lauch, Sellerie, Petersilie)
500 g Speisesalz

Wurzelwerk putzen und anschließend durch den Fleischwolf (Speckscheibe) drehen. Das Speisesalz untermengen und alles in Gläser füllen. Dunkel lagern. Zu verwenden als Würze in Brühe und zum Abschmecken von Soßen.

Von Rosi Reichenbach, Untrasried (Bild oben) und von Angelika Kimpfler, Gestratz (Bild unten)

Zucchini-Cremesuppe

Zutaten:
500 g Zucchini
1 Zwiebel
4 EL Butter
750 ml Rinderbrühe
1 TL Oregano
2 EL Kresse
125 ml Sahne
100 g Crème fraîche
Essig
Salz
Pfeffer
2 Scheiben Toastbrot

Zucchini in Stücke schneiden. Mit der gewürfelten Zwiebel in Butter in einem Topf goldgelb braten. Mit der Brühe aufgießen und 15 Minuten kochen. Oregano und Kresse zugeben. Mit dem Mixstab pürieren. Sahne und Crème fraîche zugeben und schaumig aufschlagen. Mit wenig Essig, Salz und Pfeffer abschmecken. Das Toastbrot würfeln und in Butter goldbraun rösten. Suppe anrichten und die abgekühlten Brotwürfel darauf verteilen.

Von Petra Wachter,
Marktoberdorf

Zucchini-Kartoffel-Suppe

Zucchini waschen, trocknen und die Enden abschneiden. Die Schale einer Zucchini grob raspeln und beiseitestellen, alle Zucchini in grobe Würfel schneiden. Kartoffeln schälen und in Würfel schneiden. Zwiebel würfeln, Öl in einem Topf erhitzen und die Zucchini-, Kartoffel- und Zwiebelwürfel darin andünsten. Dann mit Curry, Salz und Pfeffer bestreuen, mit Brühe auffüllen und 15 bis 20 Minuten kochen lassen. Pinienkerne in einer Pfanne ohne Fett etwas anbräunen und abkühlen lassen. Dill abspülen,

Von Nicole Bär,
Oberopfingen
Bild: Brigitte Weixler

Zutaten:
600 g Zucchini
200 g fest kochende Kartoffeln
1 mittelgroße Zwiebel
2 EL Speiseöl
Currypulver
Salz
Pfeffer
750 ml Gemüsebrühe
2 EL Pinienkerne
1 Bund Dill
4 bis 6 TL Crème fraîche

trockentupfen und klein schneiden. Die Suppe pürieren, Zucchiniraspel und Dill unterrühren und mit Gewürz abschmecken. Die Suppe auf Teller verteilen, je 1 TL Crème fraîche auf jeden Teller geben und mit Pinienkernen und etwas Zucchiniraspel bestreuen.

Zwiebel-Hack-Eintopf
geschmort

Zutaten:
3 Zwiebel
300 g Hackfleisch
500 ml Brühe
3 Kartoffeln
3 Karotten
150 g Tiefkühl-Erbsen
Salz
Pfeffer
Paprikapulver
Oregano
1 EL Ketchup
Petersilie
Crème fraîche

Ich gebe noch Soßenbinder hinzu.

Erbsen kalt spülen und auftauen lassen. Das Hackfleisch und die Zwiebelstreifen in heißem Fett leicht anrösten. Die Brühe aufgießen. Kartoffelwürfel und Karottenscheiben zugeben und zugedeckt 30 Minuten schmoren lassen. 5 Minuten vor Ende der Garzeit die Erbsen zufügen. Jetzt Gewürze und Ketchup untermischen, abschmecken. Mit Petersilie und Crème fraîche servieren. Dazu passen Weißbrot oder Semmeln.

Von Margit Kurg,
Ottobeuren

Zwiebel-Hack-Suppe

Zutaten für 8 Personen:
500 g Zwiebeln
500 g gemischtes Hackfleisch
1 Dose geschälte Tomaten (850 ml)
1 l Hühnerbrühe
Salz, Pfeffer
gemahlener Kümmel
Paprikapulver, edelsüß
2 Bund Lauchzwiebeln

Zwiebeln in Ringe schneiden. Hackfleisch und Zwiebeln anbraten. Tomaten klein schneiden und mit Saft zufügen. Mit Hühnerbrühe auffüllen und mit Salz, Pfeffer, Kümmel und Paprika würzen. Etwa 30 Minuten kochen lassen. Lauchzwiebeln in kleine Stücke schneiden und ca. 6 bis 8 Minuten vor Ende der Garzeit zufügen.

Von Isabella Schreiber, Rottenbuch
Bild: Brigitte Weixler

Zwiebelsuppe

Zutaten:
60 g Fett (Rapsöl)
5 große Zwiebeln
etwas Kümmel
20 g Mehl
1 1/4 l Fleisch- oder
Würfelbrühe
Salz
Pfeffer
5 EL flüssige Sahne

Zwiebeln klein schneiden, im Fett hellgelb dünsten, Kümmel zugeben. Mehl darüberstäuben, wenn auch dieses hellgelb ist, mit der Brühe aufgießen. Die Suppe 20 Minuten köcheln lassen, dann mit Salz und Pfeffer abschmecken. Sahne unterrühren.

Von Rita Wiedemann,
Breitenbrunn

Zwiebelsuppe

überbacken

Zutaten:
1 kg Zwiebeln
1 Brühwürfel
20 g Butter
250 ml Weißwein trocken
750 ml Wasser
1/2 TL Kümmel
4 Scheiben Weißbrot
Salz, Pfeffer
100 g geriebener Emmentaler

Die Zwiebeln in Ringe schneiden und in Butter glasig dünsten. Mit Wein und Wasser auffüllen, den Brühwürfel auflösen und ca. 15 Minuten köcheln. Brot auf den Durchmesser der Suppentassen zurechtschneiden und die Suppentassen vorwärmen. Suppe mit Kümmel, Salz und Pfeffer würzen. Die vorgewärmten Tassen zu 2/3 mit der Suppe füllen, Brotscheibe drauflegen und mit Käse bestreuen. Auf der obersten Schiene etwa 10 Minuten überbacken, bis der Käse hellbraun ist.

Soll der Käse nicht braun werden, kann man die Suppe auch in der Mikrowelle überbacken. 3 Minuten bei 600 Watt.

Von Ulrike Scholz,
Bernbeuren
Bild: Sylvia Weixler